薩摩から日本史を覗く

中村明蔵

国分進行堂

はじめに

『本朝通鑑《ほんちょうつがん》』という江戸時代初めに著わされた歴史書がある。林羅山《らざん》らの編著になるもので、水戸藩の『大日本史』と並ぶ大著である。「本朝」とは日本の意であり、「通鑑」とは通史の意で、神代から後陽成《ごようぜい》天皇（一五七一～一六一七）にいたるまで二三〇巻である。

筆者が高校時代に日本史を教わった剽軽《ひょうきん》な先生は、カゴッマ語で「ツガンネェ」というのは、「この通鑑に載っていないことを言うな。」の意であると述べられたことがあった。生徒たちは呆気《あっけ》にとられていたが、真偽のほどはわからないままであった。

それから約二十五年後の同窓会の席で、筆者はその真偽をお尋ねしたところ、それは「ツガンネェ」話だ、と煙に巻かれてしまった。

それにしても、この先生の方言通釈は「ツガンネェ」の意味を知るには分りやすい。

ところで、歴史書に「鑑」の字を当てている古人の深慮に、筆者は敬服するばかりである。鑑は鏡の意であり、鏡を見れば過去がすべて映し出されるのである。「鑑」「鏡」が書名につけば歴史書である。『年鑑』は一年のできごとを記したものであり、『大鏡』は藤原氏の歴史を中心として語り、伝えたものである。そこには、評価できるできごともあれば、そうでなく反省すべきできごともある。それらをあますところなく後世に伝え、将来に役立つ方策の実現に努める必要があろう。

本書を構成している各短篇は、そのような『鑑』『鏡』にはいまだ文意足らず、不十分であるが、筆者の執筆意図を汲みとっていただければ幸いである。はなはだ「ツガンネェ」話で筆を擱《お》くことになった。

薩摩から日本史を覗く——目次

第一部

第二部

第三部

第一部

一章　寺院は消滅するか

二人の住職の悲鳴

お寺の住職を務める僧侶が二人、筆者を訪ねて来られた。一人は宮崎市内のお寺、もう一人は京都嵯峨《さが》のお寺の僧侶である。筆者は寺院や仏教に関心を持ってはいるが、お坊さんとのつきあいはないので、電話があった時、何故筆者を指名するのか、少なからず困惑した。

ところが、宮崎のお坊さんとの通話で、八年前にかかわりがあったことを思い出した。それは九州のお坊さんの集まりがあり、城山の麓の敬天閣で筆者が講演したことがあった。「釈迦に説法」であったが、どんな話をしたのか、内容はよく憶えていない。ただ、主催者は拙著『薩摩　民衆支配の構造』を読んでいて、筆者の話を聞きたかった、とのことであった。

筆者が記憶しているのは、敬天閣の支配人らしき人が、この集会に不信を抱いて、筆者にたずねたことである。というのは、お坊さんたちの集会・宿泊と聞いていたが、お客さんたちは本当にお坊さんですか、ということであった。

じつは筆者も同じように感じていたのであった。僧侶が袈裟《けさ》を脱ぎ、上下黒い洋服姿で集まると、異様な集団の集会を思わせたからである。その時の印象が頭の片隅に残っていて、宮崎のお坊さんのことを思い出したのであった。

その記憶から、ようやく八年前の状況を何とか手繰り寄せたのであったが、同道される京都のお坊さんは、筆者は初対面のはずだがと思いつつ、約束の日が近づいたところ、一冊の書が拙宅に送り届けられた。

書名は『寺院消滅』であり、副題が「失われる「地方」と「宗教」」とあった。やや衝撃的な書名であったが、お二人の話を伺うと、いまの仏教界の現状の一面を、こ

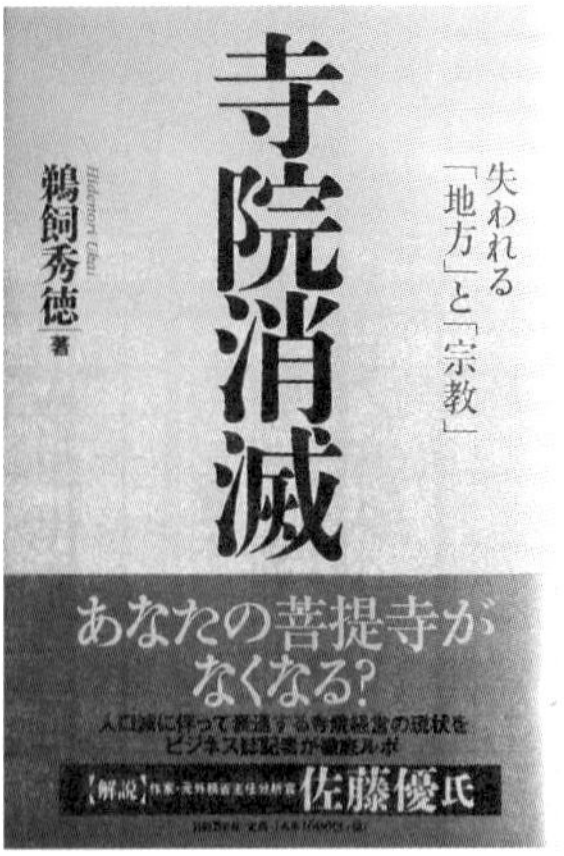

の書名は示している、というのである。

お二人に会う前に、せっかく送って下さった本に目を通しておかないと申し訳ないと思い、少しずつ読み進めた。まずは、いま地方で人口が減少し、過疎で檀家が少なくなり寺院の経営が困難だという。その例として、長崎県五島列島の北端、宇久島をとりあげていた。加えて若者の仏教離れが進んでいるという。

この他の例を、お二人から聞きながら、いま地方ではどこでも人口減少が深化しつつあり、筆者はとくに驚くことではなかった。現に、地方の大学では学生が目に見えて減りつつあり、小学校では閉校と統合が毎年のように進められている。このような現象は、お二人も十分に承知しているようであった。

寺院は閉鎖空間

そこで筆者は、日ごろ感じている寺院の閉鎖性についてのいくつかをとりあげ、語りかけてみた。お寺は周囲に塀をめぐらし、気軽に立入れない構造になっている所が多いこと。お寺は死・葬式・墓地・法事・読経などを連想させ、暗いイメージがつきまとうことなど。

さらには話を一転させ、若い学生達のお寺嫌いについて語ってみた。筆者は、大学で「日本文化史」の講義を担当し、夏休みには学生と京都・奈良を巡ることを、過去に何回か試みたが、かられはお寺の門前に来ると、足が重くなるのであった。その理由は、お寺は拝観料を取り、それもかなりの料金である。その料金は学生にとっては一回の食事代に相当する金額であったからである。

その点では、神社は開放的で出入り自由であった。また、拝観料の額は、学生にとってはお寺や仏像の価値を示すものであり、拝観料の額によってお寺や仏像を格付けしていることを、筆者は提出されたそのレポートから知ることになった。
したがって、拝観料は学生達の思考に限界をもたらすものであり、そこに「無限の価値」などを見出すような思考を指導するのは容易ではなかった。

話はさらに一転するが、筆者は学生時代に私度僧《しどそう》について調べたことがあった。それは、奈良時代の文書を編纂した『寧楽《なら》遺文』という書を見ていたら、優婆塞《うばそく》という語句が目に留まり、何のことかと調べているうちに、優婆塞は在家の僧侶であり、ときに私度僧を意味することがわかったからである。

私度僧とは、勝手に僧衣をまとい、得度した僧侶のごとく偽装した人物を指している。その背景には、僧侶は諸税を免除されることから、その特典にあやかろうとする目的があった。

律令制下の農民は、重税にあえいでいたから、さまざまな手段を用いて税をのがれようとしていた。その一つの手段が「逃亡」であった。それは現在地から姿をくらまし、行方知れずになることであった。しかし、他郷に逃亡しても、すぐに手配されて連れもどされることが多かった。

ところが、僧衣をまとい、うろ覚えの経文を唱えていると、役人の目をのがれるとのもくろみから、私度僧となって僧侶を偽装するのであった。『日本霊異記《にほんりょういき》』という平安初期の仏教説話集には、そのような私度僧の話が散見される。

古代からの宗教免税

僧侶になれば諸税を免除されるのは律令制下ばかりでなく、以後の各時代にも慣例法として容認されている。また、寺社の所有地である寺田《じでん》・神田《しんでん》も同様で、原則として税の対象からは外《はず》されていた。概して、宗教的行為による収入は、拝観料や僧侶へのお布施なども、現在に至るまで税の対象にはされないという。

このような宗教的行為や事物についての優遇策のもとに存在している寺院に対しては、羨望《せんぼう》の声があった。ところが、いまはそれら寺院の存続に危機感が生じているし、寺院消滅が進行中であり、都市部の寺院も例外ではないらしい。

『寺院消滅』に載せられている「消滅可能性寺院」の宗派別割合を示した一覧によると、どの宗派も三〇パーセント前後を示し、中には四〇パーセント以上の消滅可能性を示している宗派もある。

また、全国にあるおよそ七万七千寺のうち、住職がおらず後継者も見つからない「無住寺院」が約二万寺は存在するという。

「消滅可能性寺院」の宗派別割合

	消滅可能性都市に存在する宗教法人数	全宗教法人数	「消滅可能性寺院」の割合%
宗教法人数	62971	176670	35.6
天台宗	1062	2970	35.8
高野山真言宗	1613	3546	45.5
真言宗智山派	1053	2704	38.9
真言宗豊山派	577	2366	24.4
浄土宗	1718	6829	25.2
浄土真宗本願寺派	3273	10231	32.0
真宗大谷派	2464	8641	28.5
時宗	101	393	25.7
臨済宗妙心寺派	1139	3282	34.7
曹洞宗	5922	14062	42.1
黄檗宗	98	433	22.6
日蓮宗	1681	4903	34.3
日蓮正宗	186	580	32.1
仏教 その他	3889	14771	26.3
神社本庁	31184	76030	41.0

（前記著作より）

こうした寺院は、別の寺の住職が兼務しながら、辛うじて存続させている状況らしい。

全国的な寺院消滅傾向は、鹿児島には関係ないのであろうか。じつは、鹿児島にもその波は押し寄せている。

もう十年前にもなるように思うが、筆者は西本願寺別院に招かれたことがあった。当時、別院では、何人かを指名してそれぞれの意見を聞いていたようで、筆者もその指名を受けた一人であった。そこには西本願寺系の十人前後の僧侶が同席していて、「寺院の現状と今後」について、意見を求められた。

鹿児島の寺院では、明治以後、浄土真宗がその勢力を伸張させ、いまでは仏教信者の大半が浄土真宗である。なかでも西本願寺系が多く、それは別院の構えからも想像できるところである。ところが、その最大勢力にも翳りが見え始めていて、僧侶の間には、将来への危機感が強く迫っていたのであった。

筆者は、所用があって別院の近くに行く時には、寺院へ立ち寄って仏前でお参りをしている。また、大学で筆者の授業を受けている学生を引率して別院を拝観させてもらってもいる。そのような折に、しばしば信者の参拝者と出会うことがあり、その熱心な姿に惹《ひ》かれるのであるが、その多くは年配者であり、若者の姿を見かけることはほとんどない。

膝に割木を挟み、膝の上に乗せた拷問石
（西本願寺別院）

また境内には、江戸時代の一向宗（浄土真宗）信者が拷問《ごうもん》を受けた際に使用されたという巨石が置かれているが、それに関心を示す人はほとんど見かけない。

そのような現状をお坊さんたちと話しながら、もっと若者を呼び込むような催しものを企画する必要を述べたことがあった。そのためには、まず僧侶の意識改革が求められるのではないかということを説いたのであった。しかし、その後も大きな変化を聞かされていない。

その後の状況について、筆者がすべてを知っているわけではない。最近になってたまたま気づいたのは、西本願寺別院で「宝塚ＯＧ公演」を催すという新聞記事であった。そこには、天文館を面白くしたい実行委員会と、寺を開かれた場所にしたい別院側、両者の思いがマッチした、ともあった。

筆者は、別院側の意向に共感を覚えたのであったが、記事を読んでいくと、気になることがあった。それは拝観料である。そこには、中学生以上の一般前売り三千円（当日五〇〇円増）、小学生千円とあったからである。その料金では、若者達が気楽に観覧できそうにないからであった。

それでも、本願寺系の南部九州の拠点寺院が動き始めたことは、今後どのように展開していくかを見守りたいと思っている。別院は組織が大きいだけに、方向を転換するのは容易ではないであろうから、もう少し時間をかけて変貌していくのではないかと、期待しているところである。

寺院開放の方向とは

さて、筆者を尋ねて来られた二人のお坊さんたちとの話にもどりたい。二人の話を聞いて、筆者は日頃考えていることを述べたのは、概略つぎのようなことであった。

まず、寺院創立の原点に帰ることである。

筆者は、学生時代に法隆寺でアルバイトを経験したのであったが、法隆寺には墓地はなく、全体に明るい雰囲気であった。それは、奈良にある古代から存続している寺院に共通であった。また、古代寺院の伽藍の中で最大のお堂は「講堂」であった。これも共通していた。

講堂は、その名の通り講義をする建物であり、寺院はそのために存在していたのであった。すなわち、寺院は学校であったから、法隆寺は、法隆寺学問所とも呼ばれていた。七堂伽藍と称する寺院の各建物は、その学校運営に必要な機能を備えたものであった。

たとえば、鐘楼の鐘は学問僧たちの集団生活に必要な時刻を知らせるものであり、現在の学校に備わっているチャイムの役割と同じである。また、経堂は経文を収納してあり、学校の図書室と同じである。

寺院が学校であった伝統は、江戸時代まで細々と継承されていた。それが寺子屋である。そのいっぽうで、寺院は葬儀にかかわるようになり、葬儀にかかわる諸法事とともに、その収入が寺院経営を支えるような傾向がしだいに強まり、現在にいたっている。

ところが、若年層は葬儀や法事に以前ほどの関心を示さなくなりつつあり、お寺離れが進んできたようである。したがって、寺院経営も困難になってきたのであろう。

そこで、筆者は具体的に提案を試みている。それは、小学生が集まる場所としてお寺を開放することから、まず始めてみたらどうですか、と。学校から帰って来た子どもたちが、お寺に遊びに来るような場所にすることです。

お寺に行けば楽しい、といえる場所にするにはどうしたらよいかを工夫してみることが大事です。その一つの方法は、お寺を図書室にすることでしょう。児童文学書はもちろん、多種類の図鑑、そしてマンガまで。さらには、大学生にボランティアで来てもらい、学習の手助けをしてもらえればなど、と思いめぐらせてみたら、どうでしょう。

子どもがお寺に遊びに来るようになれば、やがて大人が近づいて来るようになるはずです。そうなれば、つぎには子どもも大人も楽しめる行事を工夫することです。

これは、筆者が考えた一例に過ぎない。工夫すれば、もっと多様な方法が浮上すると思う。とにかく、若年層がお寺に寄って来るようになることが第一です。最近になって、お寺では六月灯のような行事や、盆踊りなどを計画することが多くなっていると聞いている。しかし、こんな行事は一時的でしかない。それよりも日常的に若年層が集まり、楽しめる場所にすることです。

ついでにつけ加えると、お寺が楽しい場所になれば、子どもたちにその場所を清掃するように、また使った物を整理して片付けるように仕向けることです。子どもたちは、学校では教室のそうじを毎日しているので、その方法は身についているようです。そうすれば、お寺側の負担も軽減するはずです。

寺院消滅か自滅か

話をもとにもどしてみよう。さきに、筆者のもとを訪れた僧侶の著書『寺院消滅』と、その副題「失われる「地方」と宗教」」を紹介したのであったが、筆者はこのタイトルに多少疑義を抱いている。

というのは、このタイトルは一般受けはするのであろうが、必ずしも宗教の本質をとらえていない。副題の「失われる地方」は、現代の日本社会の現象であり、この現象は寺院に限らず、どの分野でも起こっているのであり、日本の国民が対処しなければならない課題である。

もう一つの、「失われる宗教」は寺院と関係が深いように見えるが、もし寺院が消滅するようなことがあったとしても、日本人の宗教心が消滅するとは断言できない、と筆者は思っているからである。それは、歴史が証明するところである。薩摩の歴史が、その一例である。そこで薩摩の歴史をふり返ってみたい。

薩摩藩の宗教改革

島津氏が南部九州を統一的に支配するようになった戦国時代以来、一向宗（のちの浄土真宗）は厳しく禁じられてきた。おそらくは、一向宗信徒による一揆が各地で強大な勢力を保持し、地域の支配者を脅かしていたことを、島津氏が警戒したものと思われる。その禁教政策は江戸時代にも引き継がれ、薩摩藩ではキリスト教と一向宗は厳禁とされていた。

したがって、薩摩藩には約三百年間にわたり、一向宗の寺院は一寺も存在しなかった。それでも「かくれキリシタン」の語句があるように、薩摩藩には「かくれ念仏」と呼ばれている一向宗の信者がいた。その実数を知ることはできないが、かなり多くの信者が潜在していたことは明らかである。

それは、明治九年（一八七六）に一向宗が解禁されると、たちまち各地から信者が出現したことによって知ることができる。そして浄土真宗の名で、それまでの仏教諸宗を凌駕して、一大勢力を築くことになる。

現在、鹿児島県下の仏教信者の約八割は浄土真宗であり、なかでも西本願寺系が多いといわれている。それに相応するように、鹿児島市にある西本願寺別院は、県下の寺院のなかでも最大級の施設を備えている。

一向宗信者の苦難

それだけに、江戸時代の一向宗信者の苦難のようすが各地で語り伝えられてもいる。そのいくつかを、以下にとりあげてみたい。

まず、島津氏の支配領域には「かくれ念仏洞」といわれる洞穴の遺構が各地に伝存している。多くは崖下などに洞穴（ガマ）を造り、その穴の中でひそかに念仏を唱え、法話を聞き、外部に漏れないように法灯を守り続けた。そのためには夜間に時刻を定めて集まり、外に監視役をおき、警戒をおこたらなかった。

念仏洞は入口は狭く、腰をかがめてようやく出入りできるぐらいであるが、内部は広く造られており、かなりの人数が収容できたとみられる。信者は「講《こう》」と呼ばれる組織をつくっており、組織の秘密と規律を命がけで守って、結束を強めていたようである。

このような念仏洞での集会は、その性格からして近隣の信者の組織を主としたも

復元整備された念仏ガマ（知覧町立山）

のであった。ところが、他領の信者と交流することも、海辺の集落ではあった。薩摩半島北部の海辺の集落では、夜ひそかに船を出して、肥後の水俣《みなまた》に漕ぎ出したようで、水俣の源光寺には「薩摩部屋」と呼ばれる、かくれ念仏信者の秘密の小室が現存している。いっぽう、大隅の志布志などから、ひそかに日向の串間《くしま》へ航行し、現地の信者と交流したことが語り伝えられている。

他地域との交流では、予想以上に広域の場合もあったようである。

たとえば、越中富山の薬売り商人が、薩摩領に仏像・仏具などを、薬の荷の中に紛《まぎ》らせて持ち込んだ、と伝えられている。薬売り商人の地元は一向宗信者の多い所であったことから、定期的に薩摩領へ往復する間に、薩摩の信者の事情に通じるようになり、信者の注文に応じ、その仲介をしたとみられている。

また、薩摩半島の知覧を拠点に海運業で活躍した仲覚兵衛《なかかくべえ》は、みずからも信者であり、大坂（阪）との交流をひそかに続けていた一人であった。

覚兵衛の屋敷の家屋主家の納戸柱には細工が施され、そこに本尊が隠され、その秘仏に念仏を唱えていた。その細工された柱が、「ミュージアム知覧」に展示されている。覚兵衛屋敷の石垣は、いまも知覧の門之浦《かどのうら》に残存しており、その家勢の一端を知ることができるが、薩摩半島南端部の浦々には、かつて海運業者が散在し、各地と交流していた。したがって、覚兵衛ほどではなくても、各地の情報を入手し、また発信する業者が存在したことが知られる。

とりわけ、覚兵衛の場合は、大坂から獣骨を移入し、薩摩藩領域の菜種栽培に大いに貢献したことが知られている。獣骨を砕いた骨粉が菜種の肥料に効果があり、シラス土壌でも菜種の成育は従来の数倍以上の伸びを示したことから、幕末期は藩の財政を潤すほどになったといわれている。

そのいっぽうで、大坂では獣骨の収集に被差別部落が深くかかわっていたことから、被差別部落民が信仰していた一向宗との結びつきもあり、覚兵衛はその信仰心の感化を受けていたようである。

薩摩藩の一向宗信者の歴史は、苦難や拷問ばかりか、海運業や農業経営、それに藩の財政までかかわり、今後探求すべき課題は少なくないことが見えている。

それでも、藩内には一向宗寺院の存在は見出すことはできない。はたして『寺院消滅』すれば、宗教は失われるのであろうか。

人間が存在する限り、宗教心は不滅のようである。それは、薩摩の一向宗信者の歴史が証明している。

二章　日向神話と阿多隼人

日向神話のナゾ

南部九州を舞台にした神話は「日向神話」と称されている。この呼称の「日向」はのちの大隅・薩摩を包括した広域を指すのであろうが、主に薩摩国の阿多《あた》郡と呼ばれている小地域の海人の話である。

そのような小地域の伝承を、なぜ『古事記』や『日本書紀』のような古代有数の歴史書に取り上げたのであろうか。それも天皇家とかかわりのあるような造作を加えて記載したのであろうか。この神話の結末は、天皇家の祖である山幸彦が阿多隼人の祖である海幸彦を服属させて、隼人が天皇に忠誠を誓う展開になっている。

しかし、そこには大隅隼人の姿は見えず、いわば隼人勢力の一半が服属したに止《とど》まっている。

日向神話に大隅隼人の姿は、本当に見えないのであろうか。じつは、この神話の当初において、大隅隼人の聖地が登場していたのである。それは天孫降臨でニニギノミコトが降り立った所、すなわち高千穂之峯は大隅隼人の信奉する神の降臨地であった。

したがって、高千穂之峯に降り立ったニニギより以前に、大隅隼人の一部は王権に服属していたのである。筆者は「神話は歴史ではない。しかし、神話には歴史の反映した部分がある」、というのは常々考えているところである。その「歴史の反映」の一端がここに見られるようである。

天照大神の孫であり、皇祖であるニニギといえども、服属関係のない地に降臨することは、それが神話であっても認められない話である。もし認められることであれば、阿多隼人の拠点である「笠沙《かささ》」をめざすニニギは、最初から「笠沙」の聖地、野間岳か金峰山あたりに降臨するはずである。

ところが、神話では「笠沙」から遠い地にある高千穂に降臨し、「膂宍《そしし》の空国《むなくに》」を経て、国を覓《もと》めて「笠沙」に到るのであった。このような話の筋からすると、高千穂に降臨することにはそれなりの意味があったと見なければならない。その背景を追って、大隅隼人の王権への服属について検討してみたい。

まずは、日向神話がヤマト王権によって造作され、日本神話に加えられた時期を設定しておきたい。この設定の背景については後述することもあるかと思っているが、紙数の関係もあるので、いまは、その結論だけを先に述べておくことにしたい。

日向神話が日本神話に加えられたのは、記紀の編纂時期すなわち七世紀の後半である。それは、日向神話とそれ以前の神話の接合部を精読すると、ある程度は想定できることである。また、日向神話は神話全体の末尾に配置されていることからも推定できることでもある。

すなわち、日向神話は記紀神話の中では、神代から皇代につながる部分であり、もし日向神話が欠如していたとしても、神代から皇代への接合にさほどの支障はないと見られる。この点については、筆者以前に津田左右吉がすでに示唆しているところでもある。

大隅隼人の服属

前置きは以上でひとまずおいて、つぎに大隅隼人の王権への服属について取り上げたい。

大隅隼人の首長らは、大隅半島に盤踞《ばんきょ》した豪族であるが、阿多隼人の首長とはその性格をかなり異にしている。それは王権との関係が早い時期から見出せる点で顕著である。さらにはその王権との関係が日向の諸県君《もろかた》を介して存立していることであろう。

諸県君は五世紀初頭には一族の首長とみられる牛諸井《うしもろい》が王権に出仕しており、娘の髪長媛《かみながひめ》は仁徳大王の妃になっている。いうまでもなく、のちの西海道（九州）地域で王権との婚姻関係を結んだ早い例であろう。このような諸県君と王権との関係は多くの研究者が認めるところである。

その諸県君と大隅直とは、それ以前から同盟関係にあったようで、「大隅隼人」と呼ばれる以前から大隅直一族は王権内部の守衛役として王権に仕えていたようである。それは仁徳の皇子の一人、墨江《すみのえ》（住吉）中王《なかつおう》に近習《きんじゅう》として仕え、あるいは大泊瀬《おおはつせ》大王（雄略）に近習として仕えていたという隼人は、おそらく大隅直一族とみられる。

この大泊瀬大王は、中国の『宋書』に記されている「倭五王」の一人である「武」に比定されており、五世紀後半の大王である。この時期からしても、大隅直は諸県君を介して早くから王権に仕えており、それも王族側近の守衛の役目を果たしていたとみられる。

したがって、同じ「隼人」でも、阿多隼人とはその性格を異にしていたようである。近時、大隅直の本拠地とされる志布志湾に近い地域の前方後円墳から同時期の武人的装具の人物埴輪（盾持《たてもち》人埴輪）が出土しているのも、それを裏付けるものであろう。

志布志湾沿岸一帯は王権にゆかりのある前方後円墳が分布しており、いっぽう阿多隼人の地域は前方後円墳が見られないだけでなく、高塚古墳も稀な地域である。このように、両地域は古墳の分布状況においても著しい差異が認められる。大隅隼人の中心的豪族である大隅直氏が、直《あたい》姓を賜与されているのも南部九州では他に例がなく、王権との結びつきが強いことを示唆しているようである。

阿多隼人と神話

「阿多」の地名は、現在でも南さつま市の北部にその遺称地があり、小学校やバス停などの名称にもなっている。また、近くの小中原《こなかばる》遺跡からは「阿多」の刻書のある土器も出土しており、一帯が阿多君氏の本拠地を示している。

近畿在住の著名な研究者が、「阿多」の地名はすでに「南九州から消えている」と述べているが、それは当たっていない。その研究者の思考を推測するに、八世紀になると『続日本紀』などに「阿多隼人」に代わって「薩摩隼人」が登場することに引き

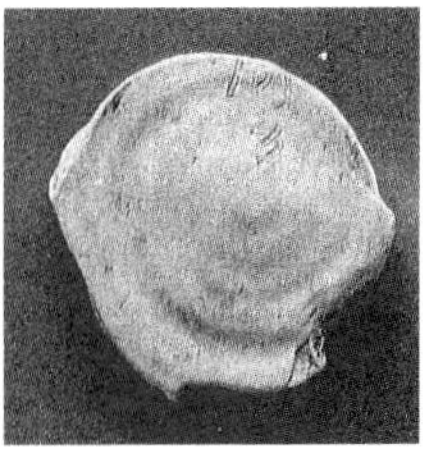
「阿多」の刻書土器

阿多地域俯瞰（対岸は野間岳）

ずられているからであろう。

その間には隼人の本拠地が移動していて、その移動にともなって隼人の名称に変化が生じたのである。すなわち、阿多隼人の場合は半島部の万之瀬《まのせ》川下流域に本拠地があったが、八世紀になると、薩摩地域の中心部近くの川内《せんだい》川下流域に本拠地が移り、そこに国府も設置されたのであった。

また、阿多隼人の場合は海人的要素が濃厚であったが、薩摩隼人の時期になると、農耕に重点が置かれるようになり、律令農民化する傾向が強まっていったようである。このような時期的推移から見ても、海人とされる隼人の神話は、阿多隼人を主体にしているものである。

阿多隼人の海人的活躍をさらに具体的・歴史的に探ってみたい。その好例は万之瀬川の河口部に立地する高橋貝塚であろう。現在は玉手神社の境内の一角で、社殿の背後にあたる地である。いまではその遺跡地は吹上浜の砂丘の形成により海岸線から遠ざかっているが、高橋貝塚の蓄積期である弥生時代の前期早創期には海岸部より入江状に水路が内陸部に入り込んで格好の小港になっていたようである。

この遺跡は籾痕のある土器や石包丁などの出土により、福岡の板付《いたづけ》遺跡と並ぶ稲作の早い時期の伝来地として知られているが、南島産のゴホウラ貝の腕輪の製作地としても著名である。南島産の大形貝はこの地で腕輪の半製品に加工され、北部九州に運ばれて完成品となって豪族層の腕を飾ったようで、その遺物が北部九州の各地から出土している。そのような遺物の分布地から見ると、高橋貝塚はその中継地としての役割を果たしていたことが知られる。

高橋貝塚は阿多隼人の居住地域が早くから海人的要素をもっていたことを示す一例であるが、その性格は八世紀以後も継承されており、『肥前国風土記』につぎのような記述がある。同書の値嘉《ちか》郷(現在の五島列島)の記述から摘出してみよう。

此の嶋の白水郎《あま》は、容貌、隼人に似て恒《つね》に騎射《うまゆみ》を好み、其の言語は俗人《くにひと》に異なり。

この記述からすると、隼人の一部は九州西岸部に中継拠点を築き、北部九州あるいは朝鮮半島への橋頭堡《きょうとうほ》としていたとみられる。このような中継地を数ヶ所築いて、定住的生活をしていたことが「白水郎」あるいは「騎射」の表記から読みとれる。この隼人は、いうまでもなく阿多隼人であろう。

阿多隼人の中継地点は南島にもあったと見られるが、それは南九州系土器の分布などから推定されても、現時点では遺跡や文献などから特定地を確証できるほどには至っていない。

阿多隼人と王権神話

あらためて阿多隼人の神話にもどりたい。この神話には、大別して話の筋が二つある。一つは、釣針を失った山幸彦が釣針を探し求めて海神《わたつみ》の世界に行く話である。他に一つは、海神の娘トヨタマヒメの所生子が王権一族の祖となる話である。

阿多隼人が海神を信奉することは、ごく自然であり、海神の世界に遊行することは阿多隼人の願望でもあったはずである。現に、このような神話は東南アジアなどの海人の間にも類話がある。中には釣針を海神世界に探す話もあり、阿多隼人のそれとかなり類似している。

他に一つの王権神話はどうであろうか。この神話は、王権の勢力伸張のための政略結婚という見方ばかりでなく、その背景を考えることが必要である。天皇（大王）と地方豪族の娘との婚姻は少なくないが、その地方豪族が海人となると、その例を見出すのは困難である。しかも、日向神話の成立期ということになるとどうであろうか。筆者はそこに典型的なモデルとなる例を想定している。

それは北部九州で海人豪族として活躍していた宗像《むなかた》（胸肩）氏である。宗像徳善《とくぜん》の娘尼子娘《あまこのいらつめ》は天武天皇（大王）の妃となり、高市《たけち》皇子を生み、さらに孫は長屋王である。とりわけ高市皇子は天武の皇子たちの間では有力な人物とされ、異母弟の草壁《くさかべ》・大津《おおつ》両皇子の亡き後に太政大臣となり、皇親の代表として重きをなしている。

この宗像氏は、海人として北部九州に一大勢力を築いていた。その宗像氏の信奉する神を祭ったのが宗像神社で、この神社の神主を務めてもいた。神社は三社あり、九州本土の辺津宮《へつぐう》（宗像大社）、本土から北西の海上へ約十一キロ離れた大島の中津《なかつ》宮、さらに北西へ約四〇キロ離れた沖ノ島の沖津宮があり、玄界灘のほぼ真ん中に立地している。まさに絶海の孤島である。

この三宮と本土の宗像一族の古墳群（新原《しんばる》・奴山《ぬやま》古墳群）は二〇一七年に世界文化遺産に指定されている。なかでも注目されているのは、沖ノ島に秘蔵されていた古代の貴重な考古遺物の品々である。一九五四（昭和二九）より調査が漸次進められ、その概要がほぼ明らかになっている。

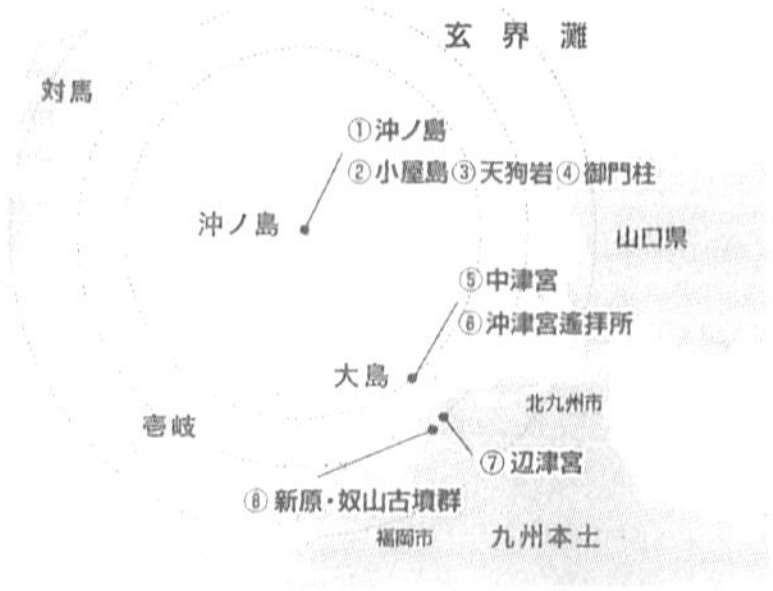

沖ノ島（案内書より）

沖ノ島は周囲わずか四キロの島であるが、古くから禁足地とされており、もし必要があって上

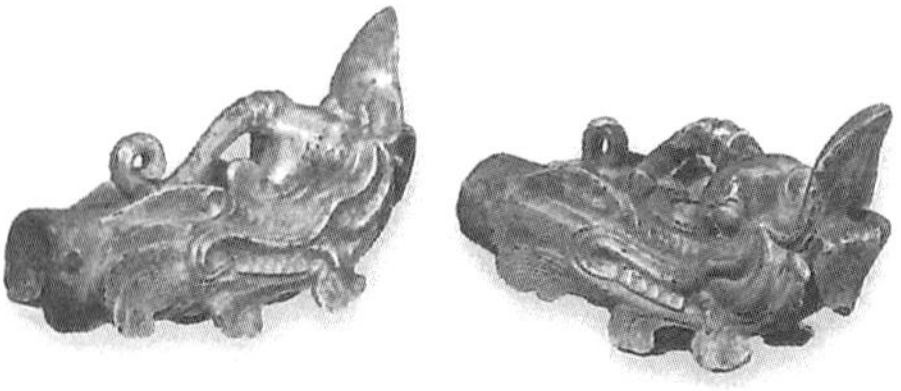

金銅製龍頭《りゅうとう》

方格規矩《ほうかくきく》鏡

金製の指輪

陸する場合は海中で禊《みそぎ》の掟《おきて》があり、現在も固く守られている。定住者はなく、本土の辺津宮から派遣された神職が十日交代で勤務し、三六五日島に鎮座する沖津宮の祭祀を行ない、神の島を守っている。

いまでは、沖ノ島の主な遺物は本土の宗像大社の神宝館に所蔵され、展示もされているので見学することができる。その多くは「国宝」に指定されており、ごく一部を紹介しておきたい。

まずは、金製の指輪である。純金のため一五〇〇年の時を経ても色あせることなく輝きを今に伝えている。金銅《こんどう》製龍頭《りゅうとう》と呼ばれている飾り金具は、銅の表面を金メッキした龍頭であるが、金色があざやかである。また銅鏡が七一面発見されているが、中でも方格規矩鏡《ほうかくきく》は径二七センチの大型鏡で、ほとんど完全な姿で残存していた。これらの遺物はごく一部に過ぎないが、ほぼ四世紀から九世紀にわたる品々が、これほど豊富に残存していることは極めて稀である。

これらの遺物の多くは宗像大社の神宝館に展示されているが、意外に知られていない。JR博多駅から鹿児島本線で約三〇分、JR東郷駅からバスで一〇分余りに立地しているので、一見をお勧めしたい。

海人豪族と王権

畿内王権は勢力を地方に伸張させたが、海人豪族は六世紀以前には畿内への関心よりも海外へのそれが強かったと見られる。王権側もまた、海人豪族への制圧については、他の諸豪族ほど強力ではなかったようである。

ところが、七世紀になると新しい対外関係が王権にとって不可欠の課題となってきた。まずは中国大陸と王朝との関係である。それ以前は朝鮮半島の百済《くだら》や新羅《しらぎ》、加えて高句麗《こうくり》などとの交流が主であり、ときに中国王朝との交流があったが、それは付随的なものであった。

それが七世紀になると遣隋使を派遣するようになり、対外関係に変化が生じている。中国を中心とする東アジア世界では、隋を中華帝国とし、その配下の属国として日本に対応するようになり、日本（倭国）は中華の皇帝に国書を奉呈し、朝貢国と位置づけられていた。ついで、唐がその関係を継承して日本に対応している。

従来の日本は、朝鮮半島の諸国に対して優位に立ち、とりわけ百済とは友好関係にあった。しかし、半島では新羅が強大になり、唐と結んで百済や高句麗を圧迫するようになってきた。そして、ついには唐・新羅が百済を滅ぼしたのであった（六六〇年）。

白村江での敗北

百済では復興をはかり、旧国王の甥にあたる鬼室福信《きしつふくしん》が、日本に滞在していた王子の余豊璋《よほうしょう》を帰国させるとともに日本に援軍を要請した。その要請に応え、六六一年には斉明《さいめい》天皇みずから西に向かい、筑紫の朝倉橘広庭宮《あさくらたちばな》に移り、援軍の指揮にあたった。しかし、天皇は滞在半年後に朝倉宮で没し、中大兄《なかのおおえ》皇子が援軍の指揮を継承した。

斉明女帝は舒明《じょめい》天皇の皇后で天智・天武両天皇の実母であり、舒明死後皇極《こうぎょく》天皇として即位、六四五の乙巳《いっし》の変で孝徳《こうとく》天皇に譲位したが、六五五年には重祚《ちょうそ》（再び即位）していた。重祚は奈良時代に孝謙《こうけん》天皇が称徳《しょうとく》天皇として重祚した二例があるが、いずれも女帝である。

斉明天皇は「狂心渠《たぶれこころのみぞ》」と記された土木事業を行なうなど、強気な性格であったようで、九州遠征にもその一端が表出している。その遠征にもかかわらず、朝鮮半島南西部の錦江《きんこう》河口の白村江《はくそんこう》での唐・新羅連合軍との海戦に敗れ、百済は完全に滅亡した（六六三年）。

その後は、対馬・北部九州・瀬戸内海沿岸に城を築き、都を近江大津宮に遷し防備体制を固めた。このような一連の対外関係の中で、海人豪族宗像氏は、その情報網と航海力を発揮して活躍したとみられ、王権もその能力を認めたと思われる。

この辺で、日向神話の構成を再考してみよう。この神話は、日本神話全体の中では末尾に位置し、記紀編纂事業の最終過程で挿入されたらしい痕跡があることを、先に述べた。その日向神話の中心的位置には阿多隼人が語られて、その結末は阿多隼人が王権に服属する話である。

記紀の編纂開始は、天武朝の時期で天武一〇年（六八一）三月の書紀の記事に、

天皇、大極殿に御して、川島皇子（以下十二名）に詔して、帝紀及び上古の諸事を記し定めしめたまふ。

とあり、天皇自身のもとでの大規模な国家的な修史事業開始であり、書紀成立の出発点をなすものと解されている。また、古事記も天武天皇が稗田阿礼《ひえだのあれ》に命じて誦習さ

せた帝皇日継《ひつぎ》と先代旧辞を太安万侶《おおのやすまろ》に撰録させたもので、書紀の修史事業と前後した時期とみられている。

これら記紀両書に日向神話は記述されており、その内容は大同小異である。そのいずれにも日向神話の中で阿多隼人が語られている。

阿多隼人を政権側へ

阿多隼人の神話については、すでに述べたのであるが、ここではその背景について考えてみたい。

そこで注目したいのは、天智朝以後の対外関係である。朝鮮半島や中国大陸との関係が緊張度を増幅させ、とりわけ九州西岸部の海人族の動向を中央政権が警戒したことである。その中で、九州北部の宗像氏は徳善の娘を大王の妃として政権側に取り込み、一応は政権勢力として安定的関係にあったが、その他の中・小の海人豪族との関係には、いまだ不安要素を残していた。

なかでも、阿多隼人の動向については政権でも未掌握のことが多く、とりわけ南島との関係が不安であった。そこで、南島への橋頭堡となる種子島の取り込みにかかり、ひとまずそれに見通しを得たのであった。

ついで、阿多隼人の豪族を親政権的神話の造作によって、政権側に誘引する方策をとったと思われる。それが山幸彦と海神の娘トヨタマヒメとの結婚であり、その所生子ウガヤフキアヘズとタマヨリヒメの二代にわたる婚姻であった。その結果、神武天皇の誕生になった。

そこで神話は終末となり、皇代へと引き継がれ、大王家の祖は陸と海の王者となり磐石《ばんじゃく》なる基礎を固めるという話の筋が出来上がったのであった。それ以前にはすでに、天《あま》つ神の子孫のニニギが高千穂に降臨したところから日向神話は始まるので、天・陸・海の三者を支配する存在として大王家は理念されていた。

このような理念にもとづいて構成された神話の実現に歩を進めたのが天武天皇であり、それを継承したのが、皇后から即位した持統天皇であった。

三章　人口減少問題の行方

人口が減ってきた

日本の歴史で、人口が正確に分るようになったのは明治期以後である。それ以前の人口については、その概数を諸資料から推測しているのであるが、その数値も研究者によって多少の幅があり、必ずしも固定しているわけではない。

明治期で人口を調査した最初は、一八九〇年（明治二三）七月に実施された第一回衆議院議員の選挙の際であった。このときの有権者は、満二五歳以上の男子で直接国税十五円以上の納入者であった。その有権者総数は四五万三六五人で、当時の人口三九三八万二二〇〇人の約一・一四パーセントであった。

ちなみに、議員定数は三〇〇人で、投票率は九三・九パーセント。この数値は現在にいたるまで衆議院議員選挙史上最高を示している。それにしても、わずか一・一パーセントの有権者による選挙では、国民の声を反映しているとは認めがたいであろう。この選挙法改正の推移を見ると、一九二五年（大正十四）に納税制限を撤廃したことで全人口比の二〇パーセントが有権者になった。一九四五年（昭和二〇）に女性に選挙権を認め、有権者の年齢を二〇歳以上としたため、全人口比の四九パーセントが有権者となり、現在にいたっている。

その後の人口調査では、人口が漸次増加しており、一九二〇年（大正九）の第一回国勢調査によると、総人口が五五九六万三〇五三人に増加している。この数値は内地に限定しており、明治以後日本領となった周辺地域は含まれていない。国勢調査はその後五年ごとに実施しており、そのたびに人口は増加している。

ただ、一九四五年（昭和二〇）の人口のみが前年より減少している。いうまでもなく戦争の影響である。しかし翌年からは再び増加に転じ、一九六七年（昭和四二）には一億人を越えている。そして一九八四年（昭和五九）には一億二千万人を突破している。その後一億二千七〇〇万人を数えた人口が、二〇一六年（平成二八）以後は年間の出生数が一〇〇万人を割り込んで人口は減少しつつあり、日本史上かつて経験したことのない現象が生じつつある。いっぽうで、高齢化の傾向は顕著になってもいる。最新の調査では七〇歳以上の人口が、全人口の二〇パーセント超になったという。

じつは、出生率の割合は三〇年程前から減少しつつあり、日本人全体の平均年齢は三〇年前は三六歳であったが、いまは四〇歳を越えてもいる。このような数値から見ても、今後の日本の人口は減少するだけでなく、平均年齢が高くなることは明らかである。

人口の歴史的推移

日本の人口の変化を概観してみたい。その変化には、飢饉や災害によって短期間には増減や停滞があったが、ある程度長期にわたる状況を見ると、増加していっているようである。その背景には、食料の増産があった。

まず、縄文時代は約一万年の期間があって、その間には変化があって一様ではないが、最盛期には三〇万人近い人口が推定されている。しかし、縄文時代には何回かの寒冷期があり、その時期には一〇万人、あるいはそれ以下とも推測されている。

そのつぎの弥生時代は、今から約二千年前の前後にあたるが、この時代には農耕が定着し、食糧事情も一応は安定したことから、約一〇〇万人前後に増加したと推定されている。この時期には、稲作をはじめ金属器をともなう諸文化が朝鮮半島などから伝来しており、渡来移民もかなり見込まれているので、それ以上になるはずである。さらに、八世紀の奈良時代になると、約六〇〇万人が推定されている。

奈良時代の人口資料

奈良時代の人口算出には、その背景となる資料をともなう史料が使われている。そのような史料が存在することは、明治時代以前ではきわめて稀《まれ》なことである。したがって、そこで算出された数値については、現在にいたるまで異論は少なく、研究者の多くはその数値を認めている。

その算出方法を略述しておきたい。算出者は旧制東京帝大出身の数学者澤田吾一氏であった。澤田氏は第四高等学校・学習院などで教授を務められたのち、還暦を過ぎてから東京帝大の国史学科に再入学され、この古代の人口や民政経済の研究に取り組まれ、その成果によって文学博士の学位を授与される

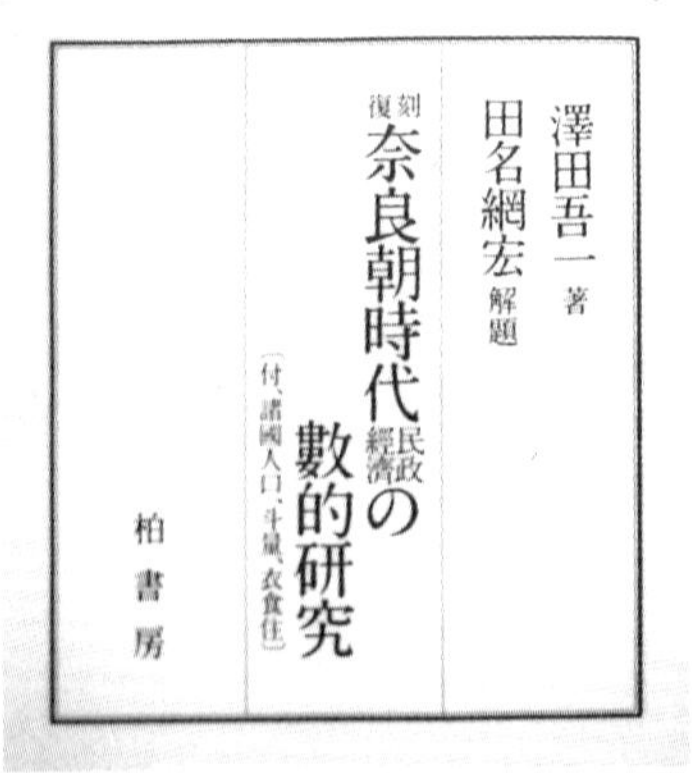

奈良時代についての研究書

いる。
が、それは急逝された後であった。また、大著は一九二七年（昭和二）に出版されて
このようなすぐれた大研究者の業績を筆者が紹介するのは気が引けるのであるが、
その一部の人口についての部分のあらすじだけを述べると、つぎのようである。
古代には、諸国のもとに郡があり、郡の下には郷《ごう》があり、一郷は五〇戸で編成され
る原則があった。その一郷の人口概数を一四〇〇人平均とし、全国の郷数四〇四一を
掛けて、郷の総人口の五六〇万人を算出し、そのほかに郷に含まれない人口を加算し
たのであり、その結果、ほぼ六〇〇万人に近い人口と概算したのであった。
筆者はこの大著を学生時代に大学の日本史研究室で散見して、古代研究にいっそう
の興味を覚えたのであるが、この大著は古書店でも見ることはほとんどなく、店主に
その売価だけでもと思いたずねたことがあった。店主は、笑いをこらえたような顔を
して、学生が買える値段ではない、と一蹴《いっしゅう》された。その後、かなり後になって同書は
復刻されたので、いまは筆者の手元にもあり、時々参考にさせていただきながら、昔
日を想起している。
ちなみに、古代の人口算出に用いられた史料とは、主に正倉院に伝存していた文書

類で、正税帳や戸籍・計帳などの断簡《だんかん》であった。その他は、『続《しょく》日本紀』・『和名抄《わみょうしょう》』・『延喜式《えんぎしき》』などの、よく知られた諸文献である。それらを、澤田氏は得意の数学あるいは物理学の手法で処理して、研究を大成させたのであった。その大著は『奈良朝時代民政経済の数的研究』である。

以後、江戸時代の初頭にいたるまで、人口を示す史料はほとんど見られない。江戸時代に入ると、城下町の発達や新田開発などの農耕地の拡大によって、人口が増加し、一七二一年（享保六）の調査では調査可能範囲で二千六〇七万人、それに調査もれを五〇〇万人と見込み、合計約三千一〇〇万人と推定されている。

いっぽう、江戸時代には子《し》午《ご》改《あらた》めと称する人口調査があった。この調査は子《ね》年と午《うま》年の六年ごとに行なったとされるが、藩や地域によって改めの基準が異なるなど、統一性に欠けるため、信頼で

平安時代の史料

きない内容になっている。その後、明治初期の一八七二年（明治五）の調査では、三千四八〇万人であった。この年には学制や徴兵制のため人口調査の必要があり、かなり実数に近い数値を得ていたとみられる。以後は、先述の総選挙の時や国勢調査の数値が信頼できるようである。

薩摩・大隅の人口

つぎに、薩摩・大隅の人口について述べてみたい。この二国の人口は明治以後の近代については、それなりの資料が得られるのであるが、江戸時代はひとまずおいても、それ以前の人口についてはほどんど史料が欠けており、史料にもとづく人口資料は全国資料から帰納的に推理するしかない状況である。

さきの澤田吾一氏の大著においても、一応は記してはいても、その根拠となる資料が不十分なため、的確な数値を得ていない。ただ、筆者は別の方法によって、古代の薩摩・大隅の人口に接近することを考えているが、いまは繁雑になるので、それを述べることは控えたい。

薩隅の江戸時代人口

薩摩・大隅の江戸時代の人口については、尾口義男さんの労作がある。尾口さんは「薩摩藩の人口」との論題で薩摩・大隅二国だけでなく、薩摩藩領であった日向（諸《もろ》県《かた》郡）・道之島・琉球国など諸域の人口について論述している（「黎明館調査研究報告・第十一集」）。この論述から、薩摩・大隅二国の部分を筆者なりに摘出して、概略してみるとつぎのようである。

江戸時代前期の一六三六年（寛永十三）に二七万人〜二九万人、一六八四年（貞享元）に三十万人余で、十七世紀はほぼ三十万人前後であった。ところが、つぎの中期になると人口を推定する史料が不十分で、尾口さんは『鹿児島県史』からその数値を参考として引用されている。

ところが、『鹿児島県史』（第二巻）の数値は、「宗門手札改」を主にしたもので、総人口を知る資料としては多少問題があるように思うので、筆者もここに取り上げることは見合わせたい。

つぎの後期になると、尾口さんの研究で一八二六年（文政九）に五七万四千人余、一八五二年（嘉永五）に五五万人余の人口を数えている。このように尾口さんの研究を主に、江戸時代の薩摩・大隅の人口の推移を筆者なりに概観すると、前期以後人口は増加傾向をたどり、後期にはかなり増加し、前期の二倍近くになっている。

近代鹿児島の人口統計

ついで明治以後を概観してみたい。明治以後の鹿児島県の人口には、江戸時代までの薩摩・大隅二国に加え、道之島（ほぼ大島郡）までを含む総数である。とはいえ、鹿児島県の人口は、明治初年までは統計資料が不十分で必ずしも正確とはいえないところがある。たとえば、『鹿児島県統計年鑑』（県企画部統計課）によると、一八七八年（明治十一）の県の人口は六〇万三千二八六人であるが、他の資料によると七二万人を越えており一様でない。

いまから二十数年前、筆者は諸国・諸藩の米を中心とした主要作物の収穫高を調べたことがあった。読者は各藩の米の収穫高はそれぞれの藩の石高から、簡単に分ると思い勝ちであるかも知れない。ところが、その石高は実際とはかなり違っている。石高は表《おもて》高であって、実高とは異なっている場合が多いのである。また、諸国となると、一国のなかに数藩ある例が多いので、国ごとの収穫高を知ることは容易ではない。

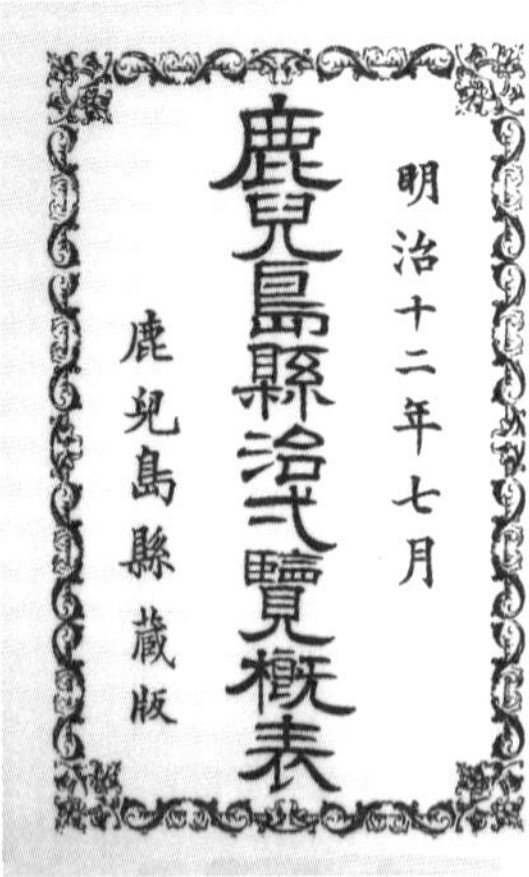

鹿児島県最初の統計概表

そこで、筆者は明治政府が全国統一的基準を用いて調べた資料があると期待して、それを探索したのであったが、かなり困難に直面したのであった。国会図書館に出かけて、多くの資料を借り出してようやく見出したのは、明治十年代中期のほぼ筆者の意図する資料であった。

国会図書館の専門司書の話によると、日本で全国統一的基準にもとづく資料が出そろうのは、明治十年代とのことであるので、さきの『鹿児島県統計年鑑』の人口の数値は一応は信頼できると推定されるが、鹿児島県の場合は一八七八年は西南戦争終結の翌年であるから、多少の不安は残るであろう。

なお、同年鑑によると、一八八九年（明治二二）に鹿児島県の人口は一〇〇万人を越え、一八九八年（明治三一）に一百一〇万人、一九二〇年（大正九）に一四〇万人、一九二七年（昭和二）に一五〇万、一九四七（昭和二二）に一七〇万人を越え、以後一七〇万～八〇万人台であったが、二〇一一年（平成二三）に一六〇万人台に減少し、現在まで下降をたどっている。

このように、全国的に見ても鹿児島県を見ても人口は減少傾向にある。これが一時的な現象であれば、歴史の推移では凶作・飢饉や天災などによってこれまでも生じているので、さほど問題ではないが、近年の減少状況はかつてのそれとは異なり、少子化が長期にわたることがほぼ明らかである。したがって、明治以後の近代にしぼっても、これまでの人口増加が、今日にいたって停滞し、減少へ転じていることが読み取れそうである。

この人口の減少傾向は、これまでの日本の歴史ではほとんど経験しなかったことであり、筆者はその変化を注意深く観察しているところである。人口が増加することが善いことであり、減少することが悪いことであるというような、単純なことではなく、日本国土の居住可能面積や産業の将来構造、さらには国際関係の視点からの日本の今後の針路など、そこには多角的視野からの検討が迫られているようである。

歴史転換的重大事件

人口の減少は現時点では重大事であるが、日本の歴史を大局的に見ると、歴史的重大事件はいくつも経験している。そのなかの二、三を取りあげてみたい。その一つは、朝鮮半島との関係である。

日本の歴史は、朝鮮半島との交流でしばしば発展と飛躍を実現してきたが、とりわけ古代にその傾向が見られる。たとえば、長期にわたった縄文時代が、水田稲作と金属器に代表される弥生文化に転換するようになるのは、朝鮮半島からの渡来人によるものであった。この文化は、その後の日本史の基盤を通底する要素となり、その基盤の上に漢字を使用する文化、さらに仏教文化が積み重ねられていった。

ところが、朝鮮半島内部の抗争から、それまで親交を結んでいた百済《くだら》が滅亡し、新羅《しらぎ》が強大化すると、朝鮮半島の情勢が日本の朝廷を脅かすようになった。百済の遺臣の一部が日本の朝廷に救援を要請したため、朝廷ではその対応に苦慮したのであったが、時の斉明《さいめい》天皇（女帝）はみずから軍を率いて九州に出動した。

しかし、筑紫朝倉宮で没し、その志を遂げることはできなかった。ちなみに、朝倉宮跡は福岡県朝倉市に伝えられているが、その地一帯からは宮跡を示すような遺物は見つかっておらず、その場所は確定されていない。その後の戦況は日本水軍が唐・新羅の連合水軍に、朝鮮半島南西岸の白村江《はくそんこう》で大敗するなど不利であり、百済救援は失

ペリーの再来、上陸図

敗に終わっている。

それだけに止《とど》まらず、新羅による日本攻略の可能性が大きいということで、防衛網の築造が急務となった。しかし、唐・新羅の関係が不和となり、日本は危機を脱した。（以後の状況は本書45ページ以下に記したのでここでは省略したい）。

その後、日本人に危機到来を実感させたのは、開国を迫る欧米の外圧である。その象徴的事件が幕末のペリー来航であった。

太平之《の》眠《ねむ》気《け》をさます上《じょう》喜《き》撰《せん》
たった四はいで夜もねられず。

の狂歌で知られるように、人びとは落ち着いて眠れない日々が続いた。この狂歌は、高級緑茶の上喜撰と蒸気船をかけ、四杯と四隻をかけている。また、ペリー艦隊の旗艦サスケハナ号の艦首に怪物を描いた錦絵や、ペリー提督を天狗《てんぐ》のように描いた錦絵が残っている。

ペリーは米大統領フィルモアの国書を届けて、日本の開国を促したが、その目的は捕鯨船に燃料や食料・水の供給を受けることの許可を求めたのであった。しかし、鎖国を続けていた日本では、開国か攘夷かをめぐって幕府や主要大名の意見が別れ、人びとを巻き込んで大騒ぎとなった。これからの日本はどうなるのか。

日本の将来への不安が一気に高まった。

一九四五年の敗戦

アジア太平洋戦争の敗戦は、大多数の日本人を混迷に落とし入れた。

それまでの日本人は政府と軍部に踊らされて、すっかり洗脳されていた。「大東亜戦争は必ず勝つ」、と多くの日本人は信じ込まされていたのである。したがって、厳しい耐乏生活を強いられても、「欲しがりません、勝つまでは」と、耐えてきたのであった。

ところが、結果は敗戦に終ったのであった。さらに、連合国軍は日本を分断支配するという噂が広がっていた（これはある程度事実でもあった）。日本はどうなるのか。まったく先が見えない状況であった。食料不足は続いており、人びとは食料の買い出しに農村をめぐる日々であった。

衣服は不足し、有り合わせのものを身につけ、ハダシで学校に行くのは当たり前であった。弁当には、蒸したカライモを毎日のように二個持って行った記憶がある。家は空襲で焼け、掘立て小屋であった。屋根は瓦がなく、木製の小板で葺いてあったから、台風で吹き飛ばされ、家の中で傘をさす有り様であった。

戦場で戦っていた兵士たちが、「復員《ふくいん》」という名でぞくぞくと帰還していた。かつて、銃をかつぎ

復員兵の帰還

刀剣をつけ、勲章をつけていた勇士たちの憐れな姿であった。その中の何人かは教師になり、黒板を背にして平和憲法を説いていた。

戦後の掘立て小屋（バラック）

このような現状を、筆者は見ていたのであったが、それから十数年後には、「もう戦後ではない」といい、人びとは活気を取り戻し、新しい生活に歩みを進めていた。

この変身ぶりを体験した筆者は、現時の人口減少の事態を日本人の叡智によってどう乗り越えていくのか、その変身のようすを、じっくり観察するつもりである。

四章　法はだれを守るのか

最古の法律はこれか

その法を犯すや、軽き者はその妻子を没し、重き者はその門戸および宗族を没す。尊卑各々差序あり、相臣服するに足る。

この一文は、『魏志倭人伝《ぎしわじんでん》』の邪馬台国《やまたいこく》の記述の一部で、原文（漢文体）を訓読したものである。ヤマタイ国は、三世紀前半期を中心に日本列島に存在したと伝えられ

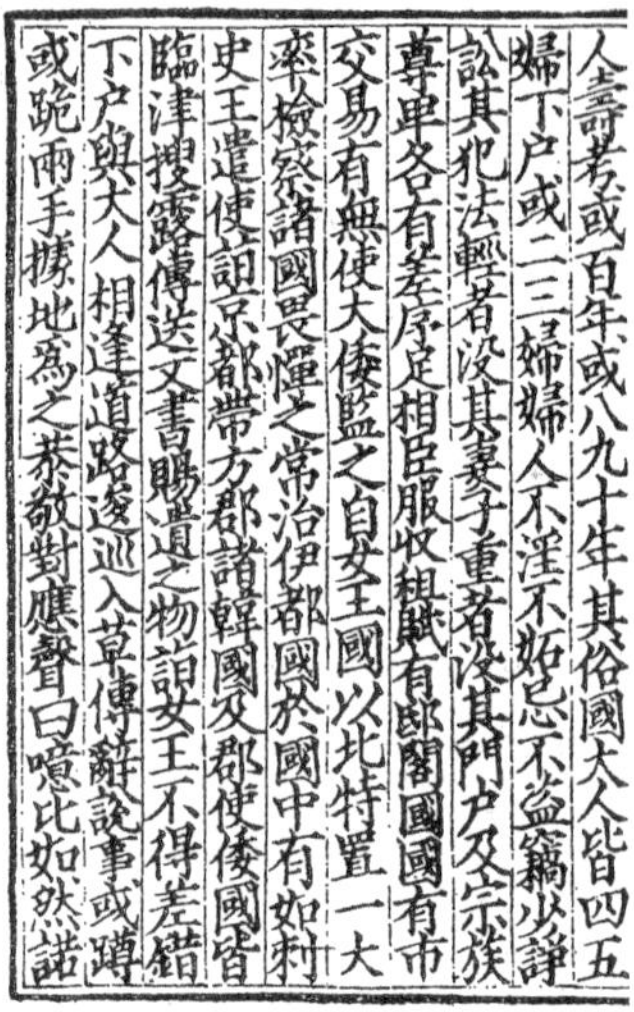
人壽考或百年或八九十年其俗國大人皆四五
婦下戸或二三婦婦人不淫不妒忌不盜竊少諍
訟其犯法輕者沒其妻子重者沒其門戸及宗族
尊卑各有差序足相臣服收租賦有邸閣國國有市
交易有無使大倭監之自女王國以北特置一大
率檢察諸國畏憚之常治伊都國於國中有如刺
史王遣使詣京都帶方郡諸韓國及郡使倭國皆
臨津搜露傳送文書賜遺之物詣女王不得差錯
下戸與大人相逢道路逡巡入草傳辭說事或蹲
或跪兩手據地爲之恭敬對應聲曰噫比如然諾

『魏志倭人伝』の記述

るが、その具体的場所については論争があって明らかでない。

ヤマタイ国は女王ヒミコ（卑弥呼）によって治められていたが、所在地についての論争ばかりでなく、ヤマタイ国の読み方や女王名の読み方などについても異論があり一様ではない。

そのような論争や異論については、ひとまずおくことにして、ここではヤマタイ国に「法」が存在していたことに注目して、話をすすめたい。「法」といっても、のちの時代のように成文化したものとは考えにくいので、おそらく、口頭で伝承された慣習法のようなものであろうが、日本史に明記された最古の「法」である。

このヤマタイ国は「七万余戸」であったと記すが、この戸数は信じがたいとしても、かなりの人口を抱える国であったとみられるので、その秩序を維持するためには、「法」の必要は認められよう。ただ、この記述からは具体的な罪の内容は知ることはできず、「軽き者」あるいは「重き者」、いずれもその刑罰から判断すると重罪のようである。

律令という法律

日本で体系的な法律が成立してくるのは七世紀の後半である。近江令《おうみりょう》がその最初である。六六八年に中臣鎌足《なかとみのかまたり》を中心に編集され二二巻であったというが、現存していないので、内容については知ることができない。ついで、六八九年に施行されたという飛鳥浄御原令《あすかきよみはらりょう》がある。天武天皇が編集し、持統天皇（天武皇后）が施行したことになっているが、これも伝存していないので内容は不詳である。また、律の存在も疑問視されている。

なお、「令」は行政法・民法などを中心とした基本法であり、「律」は刑罰を中心にした刑法である。したがって七世紀後半に成立したとされる近江令や飛鳥浄御原令は、いずれも令だけであり、律は存在しなかったようである。

律令がともに成立したのは、七〇一年成立の大宝《たいほう》律令が最初である。しかしながら、この大宝律令も伝わっていない。ただ、『令集解《りょうのしゅうげ》』という養老令の注解書から、その内容をいくらか復元できる。つぎの養老律令（七一八年成立、七五七年施行）は、二つの注解書からほぼ全体を知ることができ、一般的に「律令」の条文として通用している。それでも律は完全ではない。

律令は中国で発達したもので、日本に移入されて日本的に改められたものである。その内容は、職員《しきいん》令・軍防《ぐんぼう》令・戸《こ》令・田《でん》令など三十ほどの項目がある。また、律による刑罰は笞《ち》・杖《じょう》・徒《づ》・流《る》・死など五刑があった。笞・杖は体刑で、笞《むち》によって罪人の体を打つものであった。徒罪は懲役《ちょうえき》刑、流罪は中央から辺地に流すものである。

律令は、時代が推移するにつれて、実状に合わないものが生じてくるので、その際には「格《きゃく》」によって改正や補足が加えられている。また、律令の条文の施行にあたっては細則も必要になり、「式《しき》」によって施行細則が定められていた。現存している『延喜式《えんぎ》』などはその代表例である。

ところで、この律令はいつまで用いられたのであろうか。ある物知りの推測によると、律令は貴族社会の産物であるから、貴族の支配者層の衰退によって、しだいにその効力も減退し消滅したのであった、という。ということは、武士が台頭して武家政権が成立したことによって律令は失効してしまったことになる。

この推測はもっともらしいのであるが、じつは歴史事実とは相違しており、武家政権下でも律令は生き続けていたのであった。その間の事情を少し述べてみたい。

二つの法律が併存

本格的な武家政権は鎌倉幕府の成立であった。しかし、源頼朝に始まるこの政権は、頼家《よりいえ》・実朝《さねとも》の三代までの源氏のあと、補佐役として政所《まんどころ》・侍所《さむらいどころ》の別当（長官役）を兼ねた北条氏が執権《しっけん》として実権を握ることになった。その執権職の三代目にあたる北条泰時《やすとき》は、武家法典として我が国最初の貞永式目《じょうえいしきもく》（御成敗式目《ごせいばいしきもく》）を制定している。一二三二年のことである。

泰時は貞永式目を制定するにあたり、つぎのように述べている。

これによりて京都の御沙汰、律令のおきて、いささかもあらたまるべきにあらず候也。

すなわち、この式目の制定によって、京都の朝廷の御裁断や律令の規定が少しでもかわるものではない、というのである。したがって、公家の律令と武家の貞永式目の併存を容認しているのである。

その貞永式目五一か条の内容を見ると、頼朝以来の先例や武家社会の慣習を基準としており、御家人《ごけにん》（将軍と主従関係を結んだ武士）の権利・義務や所領相続の規定が多い。

また、泰時はつぎのようにも述べている。それは、「貞永式目は幕府の勢力がおよぶ範囲の武家社会でのみ通用するものであるので、漢字の読めない武士にも判るように、納得しやすいように定めたものである。また、所領の相続については女子の権利も認めたものである」と。

この貞永式目に始まる武家法は、その後の各時代の武家社会にも少なからざる影響をおよぼしている。すなわち、室町幕府の建武式目、戦国諸大名の分国法、江戸幕府の武家諸法度などへの影響である。

では、貞永式目が実施されて以後、公家法とも称された律令はどう変化したのであろうか。それは公家勢力の衰退によって、歴史の表立《おもてだ》ったところでは、ほとんど見えにくくなってしまった。

ところが、江戸時代の末期になって、その残影が浮上してくる。それは「王政復古」の号令のなかに、「自今、摂関・幕府等廃絶」の語句があり、とりわけ摂政・関白をいまさら廃止するとは何のことかと、虚《きょ》を衝《つ》かれた思いである。

摂政・関白は律令の用語ではないが、律令制下に出現した用語であり、八六六年の藤原良房《よしふさ》を摂政とし、その後に関白も設置されるようになった。しかし、院政や武家政権の出現によって、その勢威が衰退し、その後はほとんど注目されなくなった。

さらには、「五摂家《ごせっけ》」の語があるように、近衛《このえ》・鷹司《たかつかさ》・九条・一条・二条の五家の間では、摂政・関白が歴任され、幕末にいたったのであった。いっぽう、明治維新政府になると、太政官制が復活し、民部省・大蔵省・刑部省・宮内省などの省の名称も

太政官制

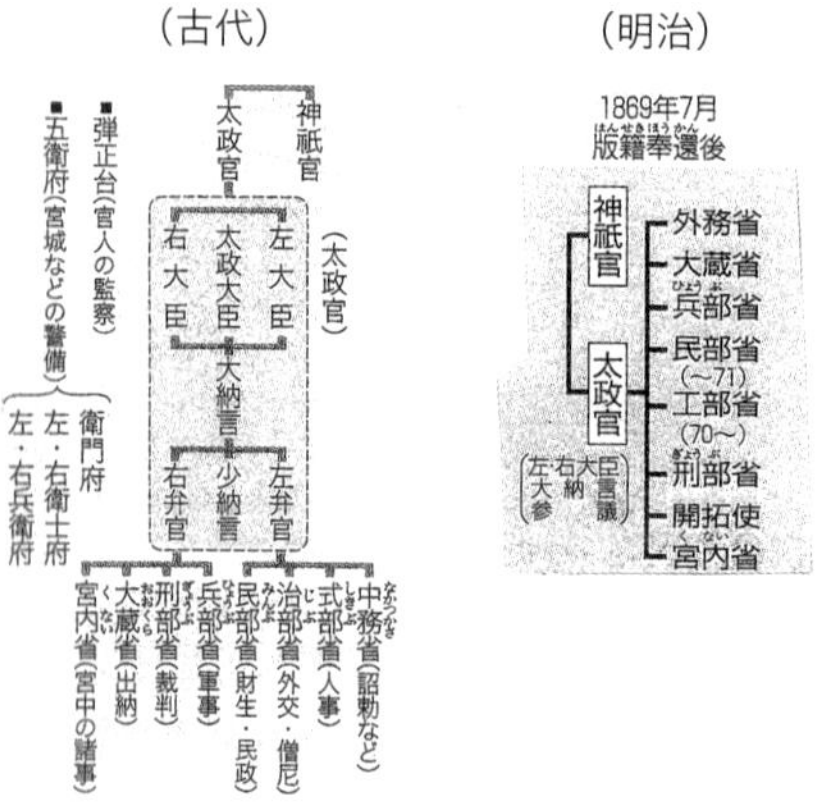

再置され、律令官制が蘇《よみがえ》っている。

廃藩置県後の太政官のメンバーを見ると、公家と薩摩出身者が要職を占め、長州・肥前の出身者がその間を補充している。公家出身は、三条実美《さねとみ》が太政大臣、岩倉具視《ともみ》が右大臣兼外務卿《きょう》の要職にあり、薩摩出身では島津久光が左大臣、大久保利通が大蔵卿、西郷隆盛が参議で、公家に次いでいる。なお、大久保は二年後（明治六年）に内務省が創設されると、その長官（卿）にもなっている。

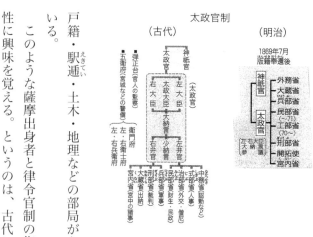

内務省は、その管下に勧業・警保（警察）・戸籍・駅逓《えきてい》・土木・地理などの部局があり、民政全般の広域にわたる権限を発揮している。

このような薩摩出身者と律令官制の復活を概観していると、筆者は歴史展開の意外性に興味を覚える。というのは、古代においては、薩摩などの「隼人」と呼ばれた人びとが、朝廷の施政や律令に従わず、しばしば非難されていた。ところが、近代になると薩摩出身者が再生された律令官制の要職につき、その施策に従うように指導する立場に転じているのである。

古代隼人史の再現か

八世紀には、南部九州の住民は隼人と称され、反朝廷・反律令政府の動向を見せていた。その様相を『続日本紀』などの史書から摘記してみたい。

まず、七〇二年（大宝二）八月につぎのような記事がある。

薩摩・多褹、隔化逆命、於是発兵征討、遂校戸置吏焉

短文なので敢えて原文を摘記してみた。内容に注釈を加えると。つぎのようであ

る。三つの事が記されている。

まず一つは、薩摩と多褹《た》（種子島・屋久島）が天皇や政府の教化にそむき命に逆らっている。二つは、是《ここ》において兵を発して征討した。三つは、その結果戸籍を作成し、役人を常置することになった。

それぞれは、ある時間の間隔をおいての事柄であるが、それをまとめて記している。結論としては、薩摩国（当初は唱更《しょうこう》国）と多褹嶋の設置であり、南部九州の一端に律令による国制が実施されたことを述べている。

この記事のなかで「隔化逆命」で、中央政権に逆らったことは、短文ながら知ることができるが、これ以前の、六九九年十二月にも「大宰府をして三野・稲積の二城を修せしむ」とある。三野は日向国児湯《こゆ》郡の三納郷に、稲積は大隅国桑原郡稲積郷にそれぞれ比定され、二城とも対隼人策の一環とされるが、この二城の具体的場所は不詳である。

また、七〇二年二月には、「歌斐（甲斐）国梓《あずさ》弓五百張を献じ、以って大宰府に充《あ》つ」とあり、同年三月には「信濃国梓弓一千廿張を献じ、以って大宰府に充つ」ともある。このように強力な弓を産する遠地の弓がそれぞれ大宰府に送られているのは、これも対隼人策に必要が生じていたことと推測できる。

これらによって、当時の中央政権が南部九州の動向に警戒し、力を注いでいたことは明らかである。それは、薩摩国がその当初において唱更国（辺境の守備国の意）といわれていたことにも通じている。

したがって、当初の国司が「国内要害之地に柵《さく》を建て戍《じゅ》（守備兵と武器）を置いて守りたい」と願い出ており、七〇四年（慶雲元）四月には、さらに「信濃国の献ずる弓一千四百張を以って大宰府に充てる」との記事も見えている。

前出の記事や、後続の記事から中央政権は南部九州に国制を施行するのに、大量の武器や兵士を送り込んでいるが、いっぽうでは神威を頼み、戦勝祈願もしていた。

七〇二年十月にはつぎのような記述がある。


是れより先、薩摩隼人を征する時、大宰所部の神九処に祷祈《とうき》するに、実に神威を頼りて遂に荒賊《こうぞく》を平ぐ。

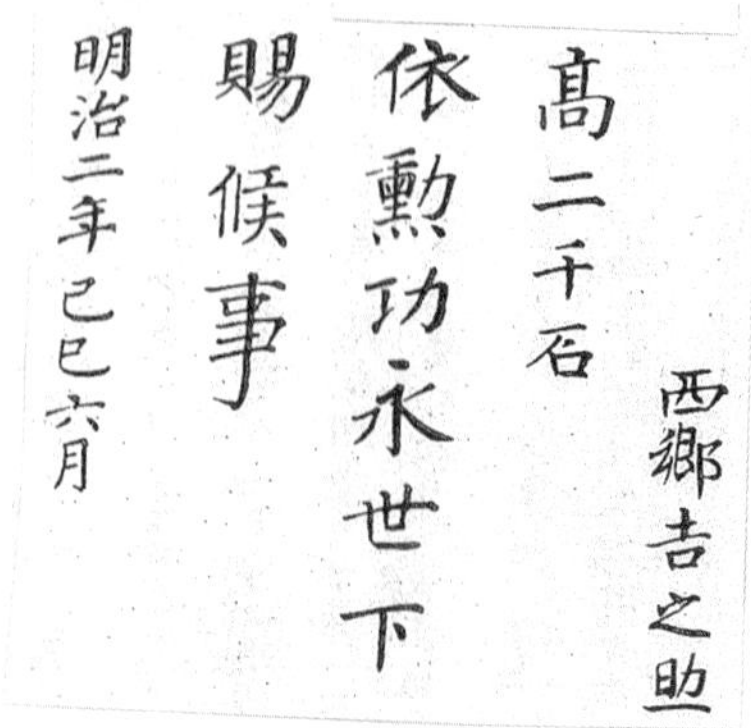
西郷吉之助
高二千石
依勲功永世下
賜候事
明治二年己巳六月

西郷吉之助賞典禄《しょうてんろく》

大宰所部（配下）の九処の神を具体的に記してはないので、その神社名は不詳である。推測するに、八幡神・宗像《むなかた》神・住吉神・香椎《かしい》神などが含まれるであろうか。

さらには、薩摩隼人を征討するに際して功績のあった軍士に「勲位」を授けている。勲位を授けた前例記事はないので、これが初めての可能性がある。それほどに、隼人たちは国制編入に抵抗したのであり、中央政権を梃摺《てこず》らせたのであろう。

この年に勲位を授けられた豪族層とみられる一部が判明している。いずれも西海道（九州）の筑前・豊前の人物であり、筑前では大領《だいりょう》（郡長）の職にあったことも記されている。勲位は十等（前者）や十一等（後者）で低位であるが、薩摩隼人を征討した軍勢が西海道諸国の兵士を主にしていたことが、ほぼ確認できそうである。また、徴兵にあたったのは大宰府であり、その命令に従ったのであろう。

この勲位授与の記事から、筆者は明治維新に功績のあった人びとに新政府が賞典禄を与えていることに、類似の共通する発想があったように思うことがある。その賞典禄では、西郷隆盛が「永世二千石」で全国士族のなかで最高の額であった。

大隅国の分立

薩摩国が成立して約十年後には、大隅国が成立している。七一三年（和銅六）四月に、つぎのような記事がある。「日向国の肝坏《きもつき》・贈於《そお》・大隅・始羅《あいら》郡の四郡を割《さ》きて、始めて大隅国を置く」。この記事からすると、大隅国の地域は日向国に属していた四郡を分割して分立したのであった。

この分立の際も大隅隼人の抵抗があったようで、将軍や士卒に勲位を授けている。叙勲者が一千二百八十余人にものぼっていることからすると、大規模な戦闘があったと推測される。

また、翌年三月には、「隼人昏荒《こんこう》、野心にして未だ憲法に習はず、因《よ》って豊前《ぶぜん》国の民二百戸を移して相勧《すす》め導かしむ」との記事がある。その意味するところは、隼人は暗く荒れており、野蛮な心情で朝廷の法に従わない。よって豊前国の民二百戸を移住させて善導させたい、というのである。

豊前国は大分県の北半から福岡県東部にかかる地域で古代の西海道では先進地域の一つである。二百戸は古代の家族制度では四千〜五千名にもなる多数であり、豊前一国では応じられない規模である。また、その移住先は大隅国府のあった桑原郡（現、霧島市国分を中心とする一帯）とみられる。

桑原郡には、豊国郷・大分郷などの郷名が見られるので、これらの郷は移住者で構成されていたとみてよいであろう。なお、「大分」は豊後国の郡名であるから、移住者は豊後国の住民も含まれていたようである。

政権が新しい地域を支配するようになると、その地域の住民を移動させることは、歴史上ではしばしば見られる。かつて古代政権が隼人の地域に進出するようになると、隼人の一部を畿内各地に移住させていたし、いっぽうで、他の地域の住民を隼人の居住地へ移住させたのであった。このような動向は、蝦夷《えみし》政策でも見られる。

また、明治の新政府は支配を容易にするために、各地の支配者層を移住させているし、北海道の防備と開拓を兼ねて、屯田《とんでん》兵として移住させてもいる。

古代史と近代史の近似

日本史の展開を概観すると、古代史と近代史には共通することが少なからずある。それぞれの時代の社会や人びとの生活を見ると、かなりの差違があって、類似したものはそれほどないように見えるのであるが、なぜであろうか。

それは、おそらく政治形態に共通するものがあるからであろう。その共通性は、中

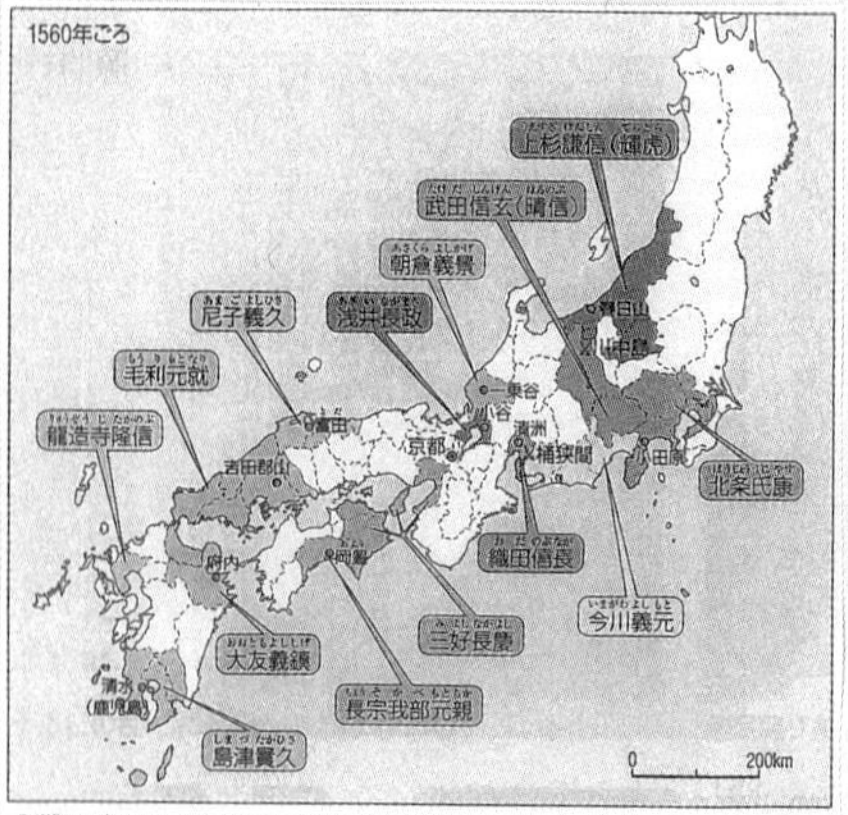

戦国大名の分布

央集権の政治体制である。すなわち、統治の権力が中央政府に統一集中していたことにより、その施策に類似したものが多く見られるからであろう。古代の律令国家と明治以後の近代国家の政治形態はその点で共通した施策が多いようである。

このような政治形態に対して、地方分権の政治形態があり、その形態が日本の場合は戦国時代をはじめ、前後の時代に見出される。戦国大名は、その領国を完全な大名領、すなわち独立国として支配体制を整えることに力を注いだ。その支配のために分国法（家法）と名づけられた独自の法律を制定している。

そのいくつかをあげると、陸奥伊達《だて》氏の「塵芥集《じんかいしゅう》」、駿河《するが》今川氏の「今川仮名《かな》目録」、甲斐武田氏の「信玄家法」、越前朝倉氏の「朝倉敏景《としかげ》十七箇条」、周防《すおう》大内氏の

「大内家壁書《かべがき》」、土佐長宗我部《ちょうそかべ》氏の「長宗我部元親《もとちか》百箇条」などがある。

それらの内容を見ると、共通するような事項が少なからずある。たとえば、家臣を城下に集住させて、有事の際にはすぐに戦闘体制に編成できるようにする。家臣は所領を勝手に処分しないこと（家臣の貧窮化の防止）。家臣が喧嘩《けんか》をした場合は、両者の理非を問わず両成敗とすること。家臣は許可なく他国の武士と縁組をしないこと（戦力の弱体化防止）などである。

このように、自己勢力の保全が目立つ特色がある。そのいっぽうで、領国内の農民の生活保護や生産力の増大策などの条文を見出すことは困難なようである。いずれにしても分国法は、前述した中央集権的法制と対比するほどの内容は備えていない、といえよう。

その中央集権的法制は古代においても、近代においても、南部九州の住民、とりわけ農民にとっては過酷なものでしかなかった。それは、政権の所在地に焦点をあて、それ以外の地域に視野を広げることがほとんどなかったことによる。

また、古代から近代にいたるまで、価値観が米（あるいは稲）に集中し、米の収穫高によってのみ地域は評価されていたことに集約されていたことによるからである。

たとえば、律令制下の各国は、大国、上国、中国、下国の四等級に区分されていたが、南部九州の日向・大隅・薩摩の三国はいずれも中国ということになっていた。下国は、西海道では壱岐・対馬・多褹の三嶋（国）で、中国はその上位にありながら、大隅・薩摩二国の実状は下国以下であった（『続日本紀』天平十七年十一月庚辰条）。その背景には、田地不足から班田制の採用が大幅に遅延していた事実があった。

じつは、それから一千年以上経過した明治時代でも、大隅・薩摩の米の反当収穫高は全国平均の約六〇パーセントであり、畿内平均と比較すると約五〇パーセントで、大差があった（拙著『薩摩　民衆支配の構造』）。

その間を、無為《むい》に過ごしたわけでなく、大隅・薩摩では肥料をはじめ、耕作方法の工夫改善を重ねたのであったが、結果的には他地域との隔差の縮小には大きな変化はなかった。

このような歴史の推移から得られるのは、米以外にも活路を見出すことであろう。地域の発展の基は、その風土を生かした独創的産業の拡大にあるのであり、今後は地域性を生かした発展に期待したい。

第二部

五章　古代 隼人の気質

生活を自衛する隼人

古代の大隅・薩摩の住民を、朝廷では「隼人」と呼んでいた。いまだ島津氏をはじめ、外来の武士たちがこの地域を支配する以前のことである。いまから一千数百年前の、いわば大隅・薩摩の原住民である。

そのような原住民、隼人がどのような気質や生業をもっていたのか、古代の文献から探り出してみたい。といっても、気質そのものを直接に記したような文献はないので、気質が表出しているような事件などから、それに迫ってみたいと思う。

まずは養老四年（七二〇）に起こった事件である。この年の二月末に隼人が大隅国守《くにのかみ》、陽侯史麻呂《やこのふひと》を殺害したことに端を発している。大隅国は、これより七年前に日向国の四郡を分割して成立したもので、国としての機構がいまだ十分に整っていなかったと推定される。

したがって、そこに赴任した国守は、律令の規定に基いて機構の整備を急ぐとともに、住民に対して諸税などの負担を他の諸国並みに求めたであろうと想像される。その内容が、隼人にとってはあまりに苛酷であり、かつ性急であったことから、ついに国守殺害におよんだのであろう。

隼人の居住地域は、シラスと呼ばれる火山性土壌の地質であり、またその多くは高地性の地形であったため、中央政府の指示する水田には適さず、そのうえ畑地も無機質土壌であったから、作物の生産は容易でなかった。そのような地域性を配慮しない課税には到底応じることはできなかったのである。

この隼人の蜂起を、研究者はしばしば「隼人の反乱」と呼ぶが、そのような呼称は隼人の地域性と実情を無視したものであり、筆者は「隼人の抗戦」と呼んでいる。隼人が生活を維持するために、自衛したのであり、中央政権に止むなく抵抗したものであった。

シラス台地（薩摩半島）

この隼人の蜂起に対し、中央政権では逸速《いちはや》く征討軍を編成している。大伴旅人《たびと》を征隼人持節大将軍とし、その下に副将軍二名をつけた大軍である。このような編成は兵一万人が属することになっている。「持節」とは、天皇から節刀を賜わり、天皇の権限を代行することを委ねられたことを意味している。

規模においても、大将軍に賜わった権限においても、この征討にかける中央政権の意気込みが感じられるようである。政権が派遣した国守が殺害されたのである。それに厳しく対処しなければ、政権の権威にかかわるのである。

いっぽう、隼人にとっても生活をおびやかされていることに生命を賭《と》して抵抗したようで、この戦いは長期におよんでいる。養老四年の三月に始まった戦いは、六月になっても終結のきざしは見えず、政権側は苦戦を強いられていた。そのようすは、つぎのように記されている。

将軍、原野にさらされて、久しく旬月《じゅんげつ》を延ぶ。時は盛熱に属し、豈《あ》に艱苦《かんく》無からんや。使を遣はして慰問せしむ。宜《よろし》く忠勤を念《おも》ふべし。

旧暦六月の南部九州の炎暑に将軍以下の兵士が心身ともに疲労困憊《こんぱい》しているようすが読み取れるであろう。その結果八月になって、大将軍の大伴旅人は一旦帰京している。すでに五十五歳の高齢であったたし、中納言という職務もあった。

その後は副将軍以下が残留し、戦闘を継続していた。それからさらに十ヵ月余、副将軍以下がようやく還帰して戦果を報告している。養老五年の七月のことである。「斬首獲虜《ざんしゅかくりょ》合わせて千四百余人」と『続日本紀』は記している。中央政権を相手に一年数か月余りにわたって、隼人は抵抗したことになる。

隼人側の犠牲者を記しても、政権側のそれについては述べていないので、その実数を知ることはできないが、長期にわたる戦闘の間に、政権側にも相応の被害者が出たことは推測に難くないであろう。

隼人は好戦的で勇猛か

この戦闘の状況を、筆者がある場所で語ったところ、地元の新聞社を主宰する立場にある人物が、「薩摩人は全日本を相手に三回にわたって戦った歴史があり、それを誇りとすべきである」と喝破《かっぱ》して、会場の人びとを沸かせたことがあった。

その人物がとりあげた三回の戦いとは、十六世紀末の豊臣秀吉軍と戦った島津軍であり、西南戦争における西郷軍であり、それに古代養老期の隼人軍のことであった。さらには、これらの戦いが成功していたら、薩摩人の天下が築けたはずだ、という勇ましい話であったから、会場から拍手が起こった。

しかし、筆者には古代の隼人の抗戦を、他の戦闘と同一視するのは、あまりにも皮相的判断としか思えなかった。というのは、島津軍にしろ、西郷軍にしろ、主戦場は居住域の外に出ての戦闘であった。したがって、住域外の民衆に少なからず被害がおよんでいたし、侵略的要素を否定することもできないであろう。

ところが、隼人の抗戦の場合は住域内での戦闘であり、自衛のための戦闘であった。隼人は住域で自給自足の生活をしており、その生活を持続するために戦ったのであった。その隼人の居住地に攻め込んできたのは、政権側であった。筆者が、あえて「抗戦」の語を用いる意図も、そこにこの戦いの本質を見出したからであった。

大宰府に従順な隼人

つぎに取りあげるのは、天平十二年（七四〇）の藤原広嗣《ひろつぐ》の乱である。この乱は、都から大宰府の少弐《しように》（次官）に左遷されていた広嗣が、中央政権に対して起こしたもので、中央政権にとっては衝撃的な事件であった。

当時の聖武天皇は、母は藤原不比等《ふひと》の娘宮子《みやこ》であったし、皇后も不比等の娘光明子《こうみょうし》であった。また、政権の中心にあった右大臣橘諸兄《もろえ》は宮子・光明子とは義兄弟の間であり、諸兄の義父もまた不比等であったから、周囲は藤原一族で固められた政権であった。さらには、反乱を起こした広嗣は、不比等の孫であった。

このような系譜から見ても、一族からの反乱に天皇の動揺は一通りでなく、天皇は平城京を出て南山城の恭仁《くに》京に遷都し、以後短期間のうちに都を転々と移している。それでも右大臣諸兄を中心とする政権は、広嗣の反乱に対して、迅速かつ的確な対応で臨んでいた。ただちに勅使を任命し、畿内在住の隼人廿四人をつけて西下させている。

廿四人の隼人には、諸兄が天皇の勅を伝え、位を授けてその位階相応の服を賜わっていた。この隼人たちの起用には、諸兄の作戦が仕組まれていたことが、やがて判明するのであるが、かれの作戦は見事に的中し、広嗣軍を混乱させている。

両軍は、北部九州の板櫃《いたびつ》川（現在の小倉北区の紫《むらさき》川）をはさんで対陣している。政権軍六千余人に対し、広嗣軍は約一万騎であった。広嗣は自ら隼人軍を率いて先鋒に立ち、「木

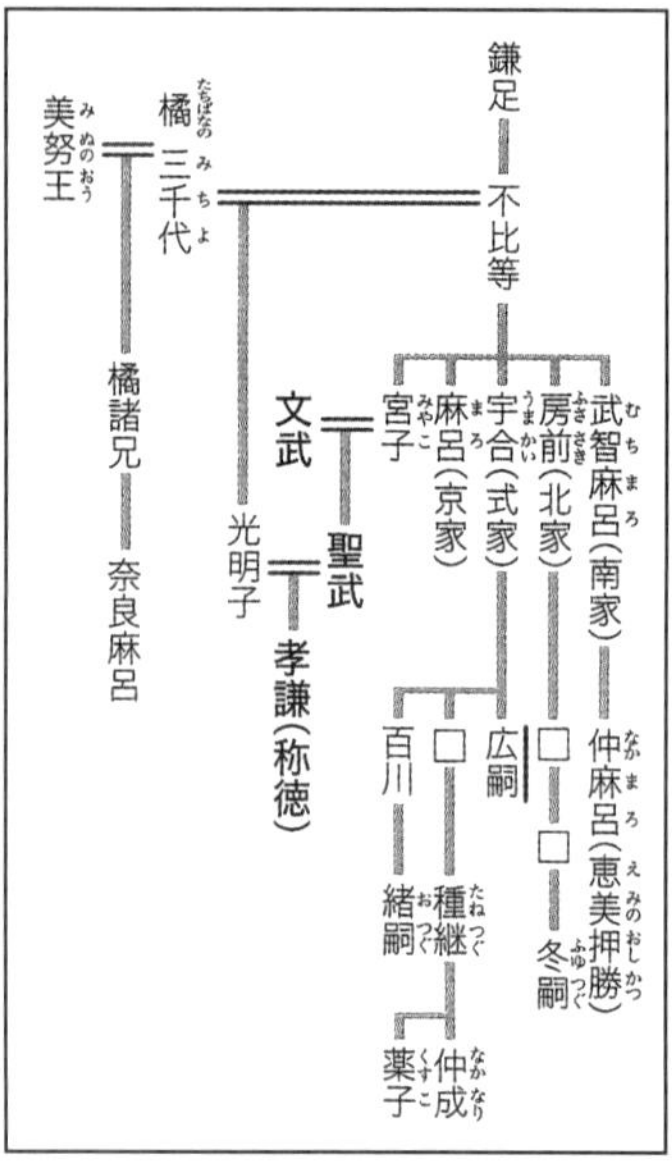

藤原氏系図

を編《あ》んで船と為《な》して」まさに川を渡らんとしていた。政権軍は弩《ど》（機械じかけのおおゆみ）を発して、その船を攻撃したので、広嗣軍は川の西岸に一旦は退却せざるを得なかった。

その時、川の東岸に待機していた政権側の隼人たちが、広嗣軍の隼人に呼びかけた。

逆人広嗣に随って官軍を拒捍《こばめ》ば、ただその身を滅すのみでなく、罪は妻子・親族に及ぶことになるぞ

この呼びかけを聞いて、広嗣軍の隼人たちの間ににわかに混乱が生じた。川の向こう側から鹿児島語なまりの言葉が川を飛び越し聞こえてきたのである。広嗣軍の隼人たちは、その言葉を聞いて、官軍に同郷の隼人がいることを知るとともに、自分たち

大宰府（役所の中心部政庁遺構）

は広嗣に騙《だま》されていることにはじめて気づいたのである。

広嗣は大宰府の高官であったから、南部九州の隼人たちは広嗣の命令に従って、わざわざ北部九州まで馳《は》せ参じたのであった。ところが、敵対する相手は官軍であり、そこには同郷の隼人が対峙《たいじ》してもいたのである。

広嗣軍の隼人の数人は、にわかに川を渡り始めた。それを見た官軍の隼人は、泳いで渡ってきた隼人を救いあげて、手助けしたので、降服隼人はたちまち二十人にもなった。救助された隼人の口から、広嗣軍の編成と作戦が官軍側に告げられ、広嗣軍は退却を余儀なくされた。

広嗣は後退したのち西海に船を出し、海上を逃げ延びようとしたが、肥前国松浦郡値嘉《ちか》島（五島列島）で捕獲されたのち、同地で処刑されている。広嗣の政権奪取の野望は、遂に断たれてしまった。

隼人の気質を読む

このような隼人の抗戦や参戦のようすを見ると、隼人の気質の一端が読みとれるようである。すなわち、隼人は自分たちの生活をおびやかす外部からの勢力に対しては、それに徹底して抵抗し、生活を死守するのであった。それでも、隼人の居住地から外へ出て戦うことはなく、好戦的動向は見出し難いようである。

いっぽう、一旦服従すると、以後は上位からの命令には従順であり、その命令に抗《あらが》うことはなかった。藤原広嗣が大宰府の高官であったことから、その命令に従って参戦したのであった。それでも、戦う相手が同郷人であることがわかると、同士討ちは拒否しており、隼人の気質の心底をのぞかせている。

方言のもつ独特の情感については、筆者はそれを語るほどの資格はない、と常常《つねづね》思っている。というのは、筆者は北九州で生まれ、小学校四年まで過ごしたのであったが、北九州には土地に根づいたような方言があまりなかった。

同じ福岡県内でも、時に博多の叔母さんの家に遊びに行くと、言葉が違うことがあり、とまどった記憶がある。ところが、鹿児島に疎開《そかい》で引っ越して転校した学校では、言葉が通ぜず困惑することがしばしばあった。かつての「かごっま語」といわれた方言は、筆者には外国語に近い言葉であった。とりわけ、子どもと老人の言葉が難解であった。その難度は現在の県人には想像を越えたものであった。昭和十年代のことである。

それが戦後になると、人びとの交流、とりわけ海外からの引揚げ者などの増加で言葉が漸次変化し、さらにテレビの普及で標準語化現象が進んだようである。といっても、標準語化したのは単語が主であり、イントネーションというか、語調は残存している場合が少なくない。

筆者が方言を聞いていると、会話の相手との間におのずから親近性が生じているように感じる。また、故郷を離れて生活している人には、方言に懐旧的感情も生まれているようである。

石川啄木の歌に、「ふるさとの訛《なまり》なつかし　停車場の人ごみの中に　そを聴きにゆく」と詠まれているが、まさにその感じである。

方言について、あれこれ述べたが、これらはいずれも近代の方言から得られる感想である。いま問題にしたいのは古代の方言である。古代の方言については史料といえるものはごくわずかで、それも断片的なものである。

そのわずかな史料とは、『大隅国風土記』(逸文)に、「髪梳は、隼人の俗《くにひと》の語に久《く》西良《しら》という」とあり、これは大隅郡串卜《くしら》郷の由来を記述した部分で、この郷で髪梳《くしら》の神を祭っていることにもとづくといっている。また、同書には大隅国の必志《ひし》里について、村の中に海の洲があり「海の中の洲《す》は、隼人の俗の語に必志《ひし》といふ」と述べている。

このような二か所の『大隅国風土記』の断片的記述から、隼人の方言に言及することは無理である。前者の「髪梳」はカミケズルの意であり、「梳」にラの音は見出せず、ソあるいはショである。後者の洲の「ヒシ」は干洲《ひす》として、沖縄諸島をはじめ、日本各地で現在も用いられている。したがって、これらの語句を古代大隅の俗語とすることには疑問があろう。

それよりも、古代の大隅・薩摩の地理的位置から考えると、かなり特異な語句とイントネーションが存在していたことは認められるであろう。その独特な語調が、広嗣の乱で敵対する相手側の隼人に心情的効果をもたらし、戦意を喪失させたのである。

政策に耐える隼人

中央政権の隼人に対する施策には、他の地域とは異なる抑圧的なものがみられる。その一つが朝貢《ちょうこう》である。朝貢はその字義から表面的に理解すると、朝廷に貢物《みつぎもの》を献上する意と受けとめられる。したがって、片道四〇日余の遠路を、貢物と自弁の食料を担いで、野宿を重ねながらの労苦を推察して、それだけでも大変な負担であったと想像するのであるが、じつはそれだけではなかった。

その実態の一端が『続日本紀』霊亀二年（七一六）五月の記事によって明らかになる。

薩摩・大隅二国の貢する隼人は、已《すで》に八歳を経る。道路遥かに隔て、去来便ならず。或《あるひ》は父母老疾し、或は妻子単貧なり。請《こ》ふ、六年を限りて相替へむ、と。これを許す。

この記事によると、朝貢した隼人は八年も都に滞在させられていたのであった。その間は、おそらく雑用に苦使されたいたのであろう。遠路を隔てた留守家族の父母・妻子は働き手を取られ辛苦するようすを訴え、ようやく「六年相替」が許されている。『続日本紀』の記述によると、以後はほぼ六年ごとに交替している。それにしても、六年でも長すぎる。

このような中央政権の抑圧的施策に、隼人はよく耐えたものだと、筆者は驚嘆を覚える。この「六年相替」の朝貢は八世紀の末まで続けられたが、延暦十九年（八〇〇）になって、ようやく隼人二国に班田制が採用されると、翌年には朝貢は停止されている。

これによって明らかなことは、朝貢は班田制に代わる施策として隼人に強制されていたのであった。火山性土壌の米作不適地に、米作を強制するその残酷的施策は、結果的には失政であった。というのは、以後「薩摩国蝗」、すなわち蝗《こう》害に悩まされた記録が散見されることによって跡付けられる。蝗、すなわち「いなご」という害虫は不熟の稲に大量発生するといわれている。隼人の地の稲はそのほとんどが不熟であった。

隼人復活への道は

律令制下の中央集権政府は、地域性に配慮せず、班田収授の法を全国一律に施行することに熱心であり、中央政府から派遣されている国司は、政府の意向を受けて租税の徴収のみに奔走していた。

しかし、隼人の地域ではその収納ははかどらず、租税免除や滞納がしばしば起こっていた。それは国司の成績を不良にするばかりであったが、稲作を強制され、それを前提に租税を押し付けられた隼人にとっても、班田制は残酷なものであった。

　古代から近世にいたるまで米に価値を集中させる歴史をもつ日本の歴史では、隼人の時代以来南部九州は不利な地域であった。それでも稲作を放棄することはできず、田地の拡大と改良に努めてきた。しかしながら、明治十年代の反当収穫量の統計を見ると、全国平均の約六〇パーセントであり、畿内のそれの約五〇パーセントでしかなかった。

　近代の鹿児島県の耕作地についてみると、江戸時代以前に新田開発に努めたにもかかわらず、田地は畑地の三分の一にとどまっている。火山噴出のシラス土壌を改良して耕作地とした所が多いが、その大部分は畑地として利用したのであった。

　そのシラス畑地を研究された桐野利彦先生によると、シラス畑地に適合した三大作物は、甘藷・大豆・菜種で、この三種は三大栄養素とも合致して地域住民の生命維持に重要な役割を果たした、と結論づけられている。耕作者がこの三大作物をシラス畑地に導入するまでには、おそらく長期にわたる作種の試行錯誤を経たものと推定される。

隼人本来の生業

大隅地域の牧畜現況

律令国家の米穀への価値集中の制約が、その後の歴史にも継続されることがなかったら、隼人の故地には米作以外の、地域に適合した産業が育成されたと推測される。その推測に示唆を与える一つの史料を提示してみたい。

貞観《じょうがん》二年（八六〇）の『三代実録』につぎのような記事がある。

十月八日甲申。大隅国の吉多《よしだ》、野神《のがみ》の二牧を廃す。馬多く蕃息《ばんそく》して百姓之作業を害するに縁《よ》って也。

この記事によると、牧で飼養している馬が蓄殖して、百姓の農作物を荒らすというのである。なお、「野神」は志布志湾沿岸部に近い、現在の有明町に同じ地名が見えるが、「吉多」については見出せない。

この史料によると、大隅国の一地域では馬の飼育には適しており、農業よりも牧畜に向いていたようである。ちなみに、大隅地方は現在では牧畜が盛んで、この地域の主要産業になっている。

つぎには、神話で阿多隼人の祖を「海幸彦」としていることから、漁業にかかわっていたことが当然のように想起されよう。また、関連して周辺地域との交易も浮上してくる。『肥前風土記』の松浦郡の条の一部に、つぎのような記述がある。

値嘉《ちか》の郷《さと》郡の西南のかたの海の中にあり（中略）此《こ》の島の白水郎《あま》は、容貌、隼人に似て、恒《つね》に騎射を好み、其の言語は俗人《くにひと》に異《こと》なり。

この記述からすると、隼人が五島列島（値嘉郷）に居住しており、その一角を交易拠点にしていた可能性がある。

このような、隼人の地域の産業や交易に視点を拡大すると、律令制下で稲作を強制された隼人たちは、本来の開放的な気質を展開することなく、抑圧された生活に苦しめられていたとの想像を禁じ得ない。

六章　隼人は「男尊女卑」か

戦前の薩摩の習俗

昭和の前半期、とりわけ戦前の薩摩の習俗として語り継がれていた話は、本当だろうか、と筆者は時に疑うことがある。

嫁入りの時に洗濯用のタライを二つ持参して、男物と女物は別々に洗うとか、物干し竿も男女は別にする。フロは男が全員入ってから女がその後に入る。夫婦でも道を歩く時は、男より数歩おくれて女は歩くとか、いろいろ聞かされていた。

こんな事が現実にあったのかどうかと、現在九〇代の女性二人に確かめたことがあった。しかし、夫婦で道を歩く時を除いては、あまり体験したことがないという。また、タライを二つ使い分けたことはあるが、それは男女の別ではなく、大物を洗う時と小物を洗う時の区別だという。それも、自分の世代の話ではなく、母親の世代の話で、かなり昔の話だ、という。

九〇代の女性でも結婚したのは戦後だというので、筆者が耳にした昔の習俗とは戦前の話のようだと思っていた。ところが、数年前に北薩の麓《ふもと》集落を訪ねたとき、集落内でも武家門や立派な石垣が残る屋敷で、高齢の女性から、先に話したような習俗が伝えられていた話を聞かされた。その話からすると、一部の士族の家では、嫁入りのときに実家の母親から女性の嗜《たしな》みとして教えられたことがあった、ということであった。

隼人は女性蔑視か

薩摩の古風俗の話を聞いて、筆者はそれがいつごろから始まったのか、とその歴史に関心を持っていたところ、ある民俗研究者の質問にとまどった経験がある。

というのは、その研究者は何の疑いもなく、薩摩の古風俗は隼人に始まったものである、との先入観をもっており、筆者に「薩摩の古風俗と隼人」の題で、月例会で研究発表してくれないか、と依頼されたことであった。

この依頼には、筆者は困惑してしまった。かれによると、薩摩の古風俗の起源は、その大半が薩摩隼人の時代に由来すると思われる、というのである。筆者はその依頼には丁重にお断りしたのであったが、先述したような古い習俗と隼人とは、ほとんど結節点が見出せないので、以下に少し述べてみたい。

いつのころから言い始めたかはわからないが、鹿児島では男らしい男性を、薩摩隼人と呼び、女らしい女性を薩摩おごじょと呼ぶ、ほめ言葉がある。

男性も女性もそう呼ばれて悪い気はしないようであるが、筆者のように隼人についての史料を少しでもかじっていると、隼人の語に性別を示す用例はなく、隼人の語は老若男女ともに用いられているので、これらのほめ言葉には違和感を覚える。

ちなみに、『広辞苑』で「薩摩隼人」を検索すると、

（古代の隼人の血統をひき、その敏捷・勇猛の点が似ているからという）薩摩の武士の異称。転じて、鹿児島県出身の男

とある。この解説の一部には同意しないが、全体的解説としては、まずまず認められるであろう。この解説にあるように、薩摩隼人の現代的語意は、薩摩の武士の異称に由来があるようである。であれば、男性に限定されることにもなる。

そこで、あらためて古代の隼人の呼称について再考してみよう。まず、隼人が性別に区分されることはないが、地域別に呼ばれることはよく知られている。それは薩摩隼人と大隅隼人である。薩摩隼人以前には、阿多隼人の呼称もあった。

また、隼人の呼称は、八世紀を中心に中央政権によって呼ばれたものであり、実態は薩摩・大隅の一般居住民に他ならない。したがって、特別視して「隼人族」などと

呼ぶ研究者がいることに、筆者は違和感をもっている。

その隼人が、女性を蔑視した記述はどこにも見出せない。それぱかりでなく、隼人の男性は女性と同一視されていたのであった。

隼人が朝廷の儀式に参列していたことは、よく知られている。元日・即位や大嘗祭などの儀式である。多くの人はその儀式に参加するのは隼人の男たちだと当然のように思い込んでいるようである。

ところが、『延喜式』の隼人司条を読むと、儀式に参加する服装を規定するいっぽうで、その服装を準備するための種々の布地などの支給についての条文があり、そこには男用と女用が別々に記されている。この記述から見ると、儀式には男・女それぞれに参列していたのである。

隼人の女酋の活躍

隼人の集団には女酋ともいうべき、女性の有力者がいたようである。

この女酋の存在は、『続日本紀』文武天皇四年（七〇〇）六月の記事に、

> 薩末比売《さつまのひめ》・久売《くめ》・波豆《はず》などが（中略）兵を持して覓国使《べつこくし》刑部真木《おさかべのまき》等を剽劫《ひょうきょう》す（下略）

とあることによって注目される。薩摩で比売・久売・波豆と名のる女性たちによって、国制を施行するための朝廷の調査団が脅迫（剽劫）されたというのである。

この「薩末」とは、国制施行前であるから、のちの薩摩郡の地域であり、覓国使はその地域に船で接近しているので、おそらく川内川河口域と推定される。また、その女性たちは呪能を発揮する女酋のようで、地域の有力指導者とみられる。

隼人たちが呪力を持つことは、文献でしばしば語られており、その一端がこの記事にも見られるようである。このような女性の存在を筆者は、すでに三十年前に著書で

指摘していたのであった。（『熊襲・隼人の社会史研究』（名著出版））
　はたして、いまから十年前の二〇〇九年十月になって、そのような女性の人骨が現実に出土したのであった。それも川内川の下流域であった。当時の新聞によると、発掘された古墳は円墳で、女性人骨一体分を埋葬しており、右腕に一個、左腕に十三個のイモガイ製の腕輪が飾られ、身長一四〇センチ前後の二〇代の女性と推定された。古墳は天辰寺前《あまたつてらまえ》古墳と名づけられ、発掘担当者によると、「文配者やシャーマン的な特殊な身分だったと考えられる」と推測されている。

天辰寺前古墳（◯印）、右上純心女子大学、手前川内川

　その報告書が薩摩川内市埋蔵文化財発掘調査報告書（9）『天辰寺前古墳』として二〇一一年三月に刊行され、筆者も一部いただいているので、その記述を部分的に紹介しておきたい。

古墳は川内川の左岸、東側には川内純心女子大学が見える。付近を宅地開発していた業者が偶然に古墳の所在を発見したと聞いている。筆者はその第一報を聞いて以来、数回その周辺を訪ねたが、古墳は立ち入り禁止で、墳頂にある石室には近づけなかった。また、現地説明会当日は、以前から約束のあった所用のため参加することができず、残念ながら先述の新聞記事を集めて読み、何とかその概要を知ることになった。この新聞記事を読んで、筆者の頭に浮かんだのは、奄美大島の宇宿《うしゅく》貝塚出土の女性人骨であった。その人骨をここで取りあげると繁雑になるので、後述することにしたい。

女性呪者の人骨出土

天辰寺前古墳の概要は、先の新聞記事の通りであるが、その報告書によると、つぎのようなことも明らかになっている。

まず、後述する銅鏡などの副葬品からみると、時期は五世紀前半に推定され、古墳時代前期後半から中期前半にあたる。つぎに墳形は、墳丘の大部分が削平されているため、円墳の可能性が指摘できる程度であるが、前方後円墳など他の墳形の可能性も残している。

石室内出土遺物については、壮年女性人骨・貝製腕輪・銅鏡・刀子《とうす》の四点である。

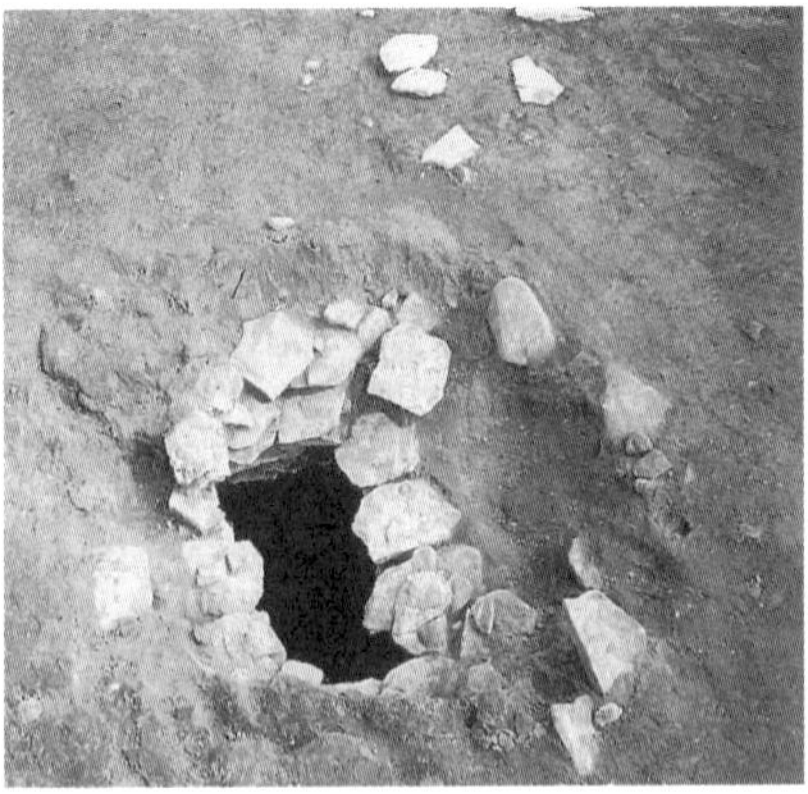

天辰寺前古墳頂部石室
（写真はいずれも報告書より）

女性の身長は一四〇センチ前後と推定され、貝製腕輪の内径の小さなこと（四二～四九ミリ）なども併せて小柄な体形が考えられる。

貝製腕輪については、当初左前腕に十三個、右前腕に一個の計十四個とされていたが、その後左前腕に十六個＋α《プラスアルファー》、右前腕に二個の計十八個＋αであることが判明した。これだけの貝製腕輪を装着した古墳時代の人骨の出土例は鹿児島県内では初めてである。

銅鏡は全体に緑青がかかり、青みがかって見える。直径一〇四ミリ、背面は紐の周辺に十個の乳《にゅう》を配し、周辺に唐草《からくさ》状の文様が見られ、その外側に二条の円圏をめぐらしている。さらにその外側に櫛歯文と複合鋸歯文《きょしもん》がある。

刀子（小刀）は全体的に錆《さび》化が進んでいて、茶色をしている。長さ一〇三ミリ、厚さ三・五〜五ミリ、重さ九六・九グラムを測る。

石室は東西方向を長軸とする。床面付近で長軸二四五センチ、短軸は西側と中央付近で七五センチ、東側で九五センチを測る。

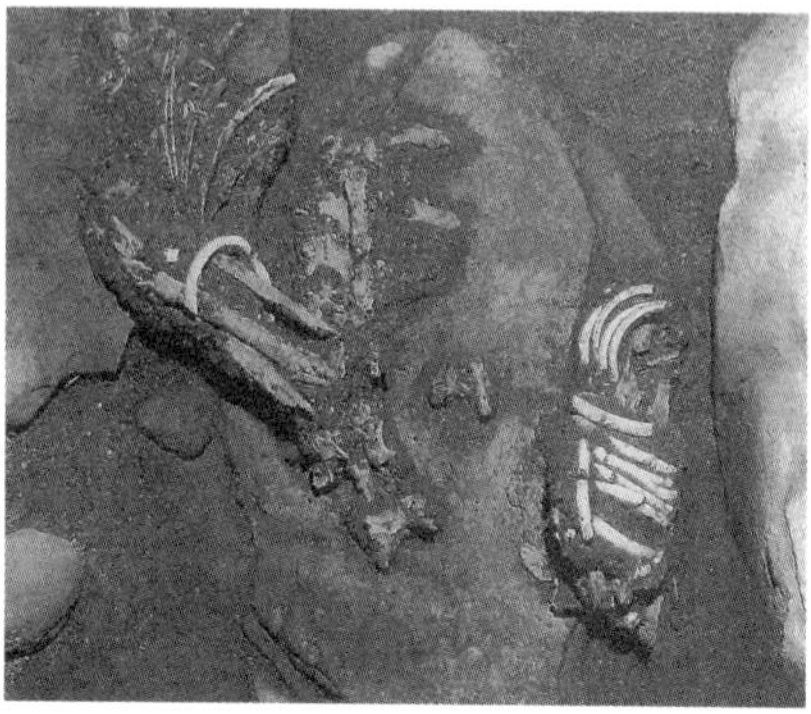
人骨（上が頭部）　天辰寺前古墳内部

このように見てくると、この女性は地域の女性首長であり、呪能を兼備した人物であったことは、厚葬されている様相から明らかである。先述した覓国使を剽劫した女酋の系譜は、古くから地域で引き継がれており、隼人が女性を蔑視したという俗説とは、相容れない実態である。

奄美出土の女性人骨

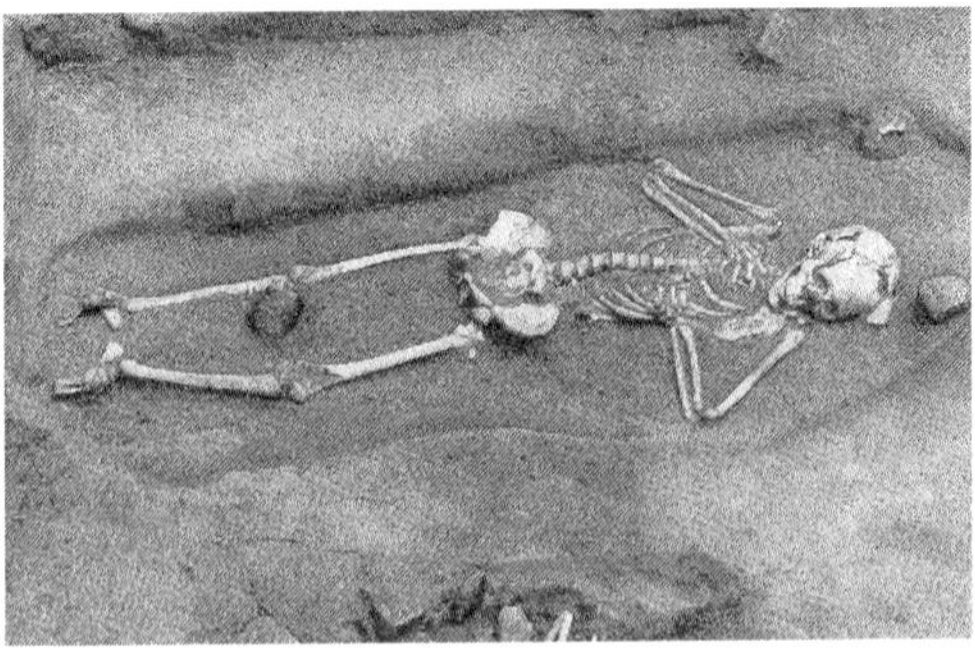
発掘された女性人骨（宇宿貝塚）

ついでに、先に少しふれていた奄美大島北部の笠利《かさり》町東海岸の宇宿貝塚出土の女性人骨についても記しておきたい。

一九七八年（昭和五三）八月、奄美では初めての古人骨が完全な形で出土している。発掘したのは県考古学会の重鎮、河口貞徳《さだのり》先生である。同遺跡は、戦前から注目されていたが、その本格的調査に着手したのであった。

人骨は弥生時代の貝塚のカルシュウム分に保護されたのであろう。細部にわたって残存していた。長崎大学医学部の協力で精査した結果、つぎのようなことが判明している。

女性人骨の年齢は二十〜二五歳。短頭、身長は一四五センチ、骨格は華奢《きゃしゃ》で四肢骨の粗面は発達がほとんど見られず、生前は労働に従事していなかったことを示している。首の周辺から、ネックレスに使用していたと見られるガラス製丸玉二個、小玉《こだま》四〇、骨製管玉《くだたま》四個が見つかり、この女性は司祭者（シャーマン）であったと推定されている。

女性人骨は、土壙の中軸にそって、ＳＷ35度の方向に仰臥伸展葬《ぎょうがしんてんそう》され、顔はななめ左に向け、両足は伸ばしているが、両膝の間には四個の礫《れき》と小型石器が置かれ、これを除くと真下に新生児《しんせいじ》の遺体が埋蔵されていた。新生児の骨は、分娩《ぶんべん》の直後、母子ともに死亡し、合葬したようである。

ある作家の意見

椋鳩十《むくはとじゅう》のペンネームの児童文学作家がおられた。筆者はこの作家としばしば語り合える機会があり、拙著についてもご意見を拝聴していた。鹿児島市内の長田町に住んでおられ、お宅にも伺ったことがあった。

その折に、色紙《しきし》に「敬事而信」と書いて、いただいたことがあった。その色紙はいまも筆者の机の目前にあり、毎日のように見ているのであるが、いまだに色紙の言葉の真意を解りかねている。

というのは、椋さんは筆者に、「もっとホラを吹け」と言われていた。しかし筆者は、いつも歴史の真実を求めて苦悩しているので、作家とは違うと自覚しており、色紙の真意はいまだに謎である。

ところが、その椋さんが同業のたかしよいちという作家が筆者の大学に赴任するので、よろしくといわれ、来任後お会いして話をしたところ、どこまでが本当か、ふき出すような話をしばしば聞かされることになった。

ところが、たかしよいちさんは考古学にも造詣が深く、宇宿貝塚出土の人骨について、つぎのような物語をしてくださり、筆者は感心して聞き入ったことがあった。その物語を、ここに紹介しておきたい。

宇宿貝塚の女性は司祭者で、集落の守護役をつとめて、人びとから尊敬されていた。しかし、年頃になって、隣郷のある男性と恋に落ち懐妊し、ついに出産にいたった。

女性司祭者の恋愛・出産は禁断とされる掟《おきて》があり、それを破ったことを村人が知り、止むを得ず母子ともに葬り去ることになってしまった。それでも情の深い村の人びとは、母子の死体を厚葬で祭り、腐蝕を避けるようにして安置し、二千年後になっても遺体が残存していたのである。

たかしよいちさんの作家としてのこの想像力を、読者の皆さんはどのように受けとめられるであろうか。あながち否定できない興味ある話であるが、筆者はただ感心して聞き入るばかりであった。

女酋による剽劫とは

先に史料にあった、覔国使を剽劫した記事の実相とはどのようなものであろうか。この問いに示唆を与える琉球時代の神女の姿を沖縄の歌謡集から引用して想像してみたい。(先述の拙著)

まず、沖縄の歌謡集『おもろそうし』の全二二巻のうちの第一巻には、王国時代の国王に対応する最高の神女、聞得大君《きこえおおきみ》がやはり戦闘に関与した歌謡がいくつか見出される。その二、三の例をとりあげるとつぎのようである。

聞得大君ぎゃ
初《はじ》め軍《いくさ》　立《た》ちよわちへ
合《あ》おて　行き遣《や》り
敵《かたき》　治《ひぢ》めわちへ

（又）鳴響《とよ》む精高子《せだかこ》が　〔巻一、25〕

聞得大君ぎゃ
赤《あけ》の鎧《よろい》　召《め》しよわちへ
刀うちい
大国《ぢゃくに》　鳴響《とよ》みよわれ
（又）鳴響む精高子が（下略）　〔巻一、5〕

聞得大君ぎゃ
押し遣《や》る精軍《せいくさ》
按司添《あじそ》いしょ　世　添ゑれ
（又）鳴響む精高子が
押し遣たる精軍
（又）あはれ愛《かな》し君南風《きみはゑ》
島討《しまう》ち為《し》ちへす　戻《もど》りよれ

（又）あはれ愛し君南風
国《くに》討《う》ち為ちへす　戻りよれ（下略）　〔巻一、35〕

以上は、岩波版日本思想体系本からの引用であるが、その注を参考にして私なりに全訳を試みると、〔巻一、25〕は、聞得大君が戦《いくさ》の戦闘に立ち給いて、戦って行って、敵（相手）を治め給いて、霊力豊かな人よ。〔巻一、5〕は、聞得大君が美しい鎧を身につけ給いて、刀をつけて、国（天上まで）鳴りとどろかせ給え、霊力豊かな人よ。〔巻一、35〕は、聞得大君が遣わした霊力ある軍勢、按司を守護し、世を守護し、霊力豊かな人よ、遣わした霊力ある軍勢、

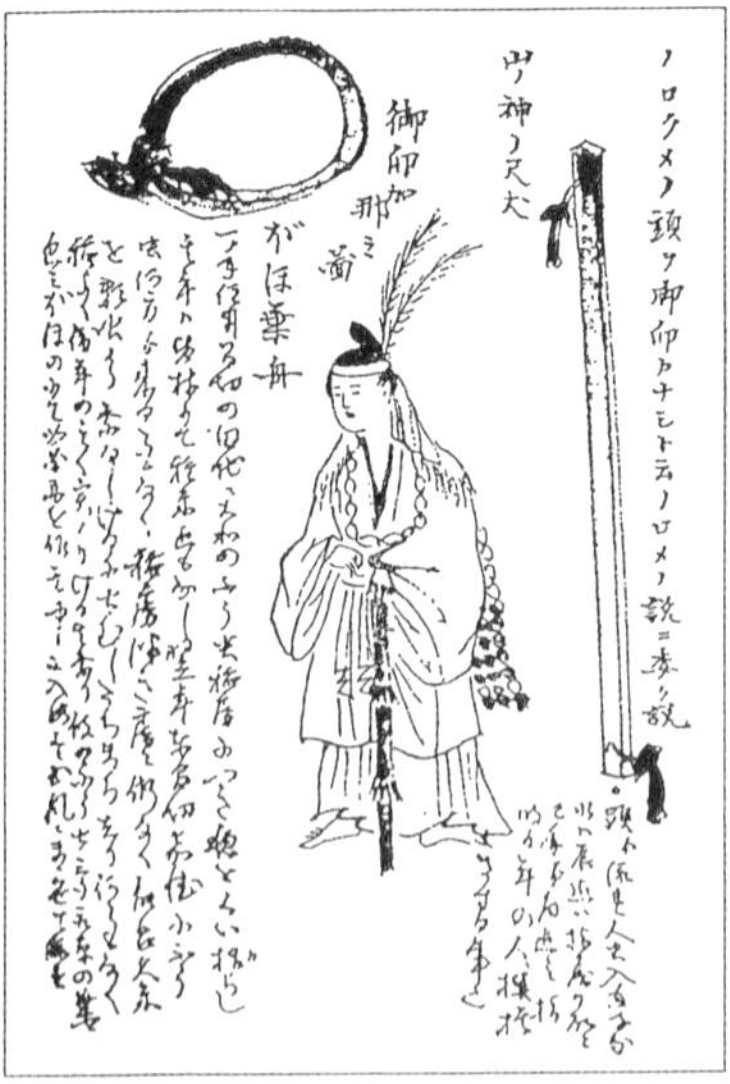
『南島雑話』に描かれた神女（奄美大島）

あっぱれすぐれた君南風よ、国・島を平げて治めてこそ、戻り給え。などの意味に取れるようである。なお、君南風《きみはえ》とは、聞得大君に直属していた久米島の最高神女で、初代の君南風は首里軍が八重山遠征の時（一五〇〇年）、従軍して呪力を発揮したことで名高い人物という。

この一連の『おもろそうし』の歌謡によると、沖縄では聞得大君あるいは君南風などの神女が存在し、戦争に際してはみずから従軍し、その先頭に立ち、霊力を発揮していたことを知ることができる。かの女らは、ただ戦闘に参加するだけでなく、いつ戦うのがよいかという、戦争に吉日まで選定したようで、〔巻一、34〕には、

精軍吉日《せいくさえか》　取りよわちへ
島討ちせぢ　もちよろ
精百吉日《せひやくえか》　取りよわちへ
国討ちせぢ　もちよろ

ともある。

このようにみてくると、七世紀終末の隼人社会における薩末比売などと、十五世紀

であろう。
と推測される沖縄の聞得大君や君南風との類似に興味をいだかないわけにはいかない
『おもろそうし』二二巻がすべて完成するのは、尚豊王の三年（一六二三）とのこ
とであるが、ここにとりあげた第一巻の成立は、それより約九〇年早い尚清王の五年
（一五三二）とされている。したがって、薩末比売などを記述した『続日本紀』の編
纂・撰上の延暦十六年（七九七）と較べても、八世紀に近い時期のずれがある。その
ずれを強いて埋めて、南部九州の七世紀終末と沖縄の十五世紀を社会的に同一だとす
ることは避けたいが、八世紀を隔てた両社会の一つの側面には、きわめて類似した現
象があることを指摘できるであろう。

以上、薩摩の女酋を中心に、古代の女性の様相を諸側面から述べたのであるが、そ
こに女性蔑視を見出すことは困難であり、かえって女性が活躍した姿が描かれている
ことを指摘しておきたい。

七章　隼人の原郷をさぐる

史書のなかの隼人神話

『古事記』『日本書紀』の神話には隼人が登場する。筆者より早く生まれ育った方々は、小学校で神話で始まる歴史を教わり、高千穂の峯に降臨したニニギノミコトの子に、いわゆる海幸彦・山幸彦が誕生した話を、いかにも史実のように語っていた。また、海幸彦の子孫が隼人で、山幸彦の子孫が天皇家であることから、隼人は天皇家の近親であるとの話も、筆者はしばしば聞かされた。その証として、隼人は天皇の即位の儀式や大嘗《だいじょう》祭の儀式には参列することになっていた、とも語っていた。

先輩諸兄の話を聞かされていた筆者は、このような神話を教わる日が来ることを楽しみにしていた。ところが、小学校（当時は国民学校）の途中で大東亜《だいとうあ》戦争は敗戦で終わり、歴史教育は占領軍の指令で禁止され、小学校では歴史を教わらないまま、中学校へ進むことになった。

じつは、歴史ばかりでなく、他の科目も中途半端で終ったものが多い。というのは、学校が空襲で焼失し、授業そのものがない日が続いたのであった。したがって、小学校高学年の科目を受けないまま、小学校を終了したことになっている。いまでも筆者の手元には小学校の卒業証書はなく、卒業式があったという記憶もない。生前の母親にそれらのことを聞いたことがあったが、母親も知らないということで終った。筆者にとっては人生の空白期間である。

戦前の小学校の教科書をのぞいて見ると、その冒頭は「天照大神」である。現在の大学生にその読み方を尋ねると、半分以上の学生が間違っていたという。、ある学生はテンテルダイジンと読み、「テルテルボウズのお父さん」と答えたとも聞いた。

アマテラスオオミカミは、「天皇陛下の御先祖」と説いている教科書で教わった戦前の方々からすると、誤読するいまの学生たちは「不敬罪」に問われかねない話である。ところが、アマテラスオオミカミに始まる歴史書が現在でも通用している地域がある。

図書館に行って、『鹿児島県史』（第一巻）をご覧いただきたい。戦後七十数年以上経過した現在まで、新しい県史を編纂しようとしないのは、なぜであろうか。筆者には不可解としか云えない。

話を日向神話にもどして、日向神話が『古事記』や『日本書紀』に編入された時期について再考してみたい。この問題については、すでに本書第一部第二章31ページ以下でその概要について述べたところであるが、そこでふれなかったことを補足しておきたい。

日向神話の『日本書紀』の神武天皇の記述の中に、つぎのような文言がある。

一書《あるふみ》に曰《い》はく、亦《また》は神日本磐余彦火《かむやまといはれひこほ》
火《ほ》出《で》見《み》尊と號す（一書の第二）

同じような記述が「一書の第三」「一書の第四」にも出てくる。「一書」というのは、別伝のことで、本文とは異なる伝承である。

ということは、神武天皇の生前の名は本文では「神日本磐余彦」と伝えているが、「一書」ではその名に「彦火火出見」が加えられている別伝が三つもあることが記されていることになる。「彦火火出見」とは山幸彦のことであり、別人として本文では伝えられているが、じつは別人ではなく神武天皇と同一人物として「一書」の三種が伝えていることになる。

このように、本文と別伝が異なる状況の背景には、阿多隼人の海人神話が、あとになって加えられて神話が造作されたために生じた名前の混乱があったとみられる。

もう少し簡潔に記すと、ニニギノミコトと阿多隼人の女性の間の子が、そのまま神武天皇になるという原話があった、と推測されるのである。

大隅隼人の二地域

「大隅隼人」と一括されるのであるが、その歴史的背景をさぐっていると、そこには二地域に大別される存在が浮上してくる。それぞれを代表する豪族を挙げると、曽《その》君《きみ》と大隅直《あたい》である。

曽君は霧島山系の西側、大隅直は志布志湾沿岸部を各々拠点としている。この二大豪族のそれぞれの地域には、その性格にかなり明確な差異がある。

横瀬古墳（向って右側が後円部）

大隅直の盤踞《ばんきょ》する志布志湾沿岸部は高塚古墳が分布し、その間に在地色の強い地下式横穴墓が散在している。いっぽう、曽君の盤踞する地域には高塚古墳は皆無で、在地的墓制である地下式板石積石室墓がわずかに見られる。また、大隅直が親王権的性格であるのに対し、曽君は反王権的であり、この地域はクマソの伝承でも語られている。養老四年（七二〇）の隼人の抗戦も、この地域が主戦場であった。

クマソの表記は、『日本書紀』の「熊襲」と『古事記』の「熊曽」と異なっているが、「襲」も

「曽」も、曽君の本拠地で地名などに用いられており、いまに伝えられている。クマソの伝承は、景行天皇・ヤマトタケル、さらに仲哀《ちゅうあい》天皇、神功《じんぐう》皇后などの説話で語られている。これらの説話は歴史事実ではないが、説話を生じさせた背景には、曽君の反王権的性格が反映しているとみられる。

また、八世紀養老期の隼人の抗戦は、国府所在地が主戦場であり、後世の史料ではあるが、『八幡宇佐宮御託宣集』には、隼人が曽於《そお》之石城《いわき》や比売之城《ひめのき》に最後まで立て籠《こも》ったことを記しており、曽君の本拠地が具体的に述べられている。

この二城の旧地は大隅国府の旧地から望める地に存在し、とりわけ前者は城山公園、後者は姫城《ひめき》と呼ばれ、市民になじみの場所であるこの一帯は近代には小作争議の激しかったことでも知られ、住民は血気盛んで自立性の強い地域性でもあった。

その地域性は、現在はどうであろうか。筆者はこの地域をしばしば訪ねているが、この地は、旧国分市・旧隼人町を中心に、一帯は他の地域とは異なる雰囲気を感じる。それは住民の活気であり、生気《せいき》である。このような現況の背景を、立地・人口構成などの要件や、その他の要件を含めて分析しなければならないが、いまは「感じ

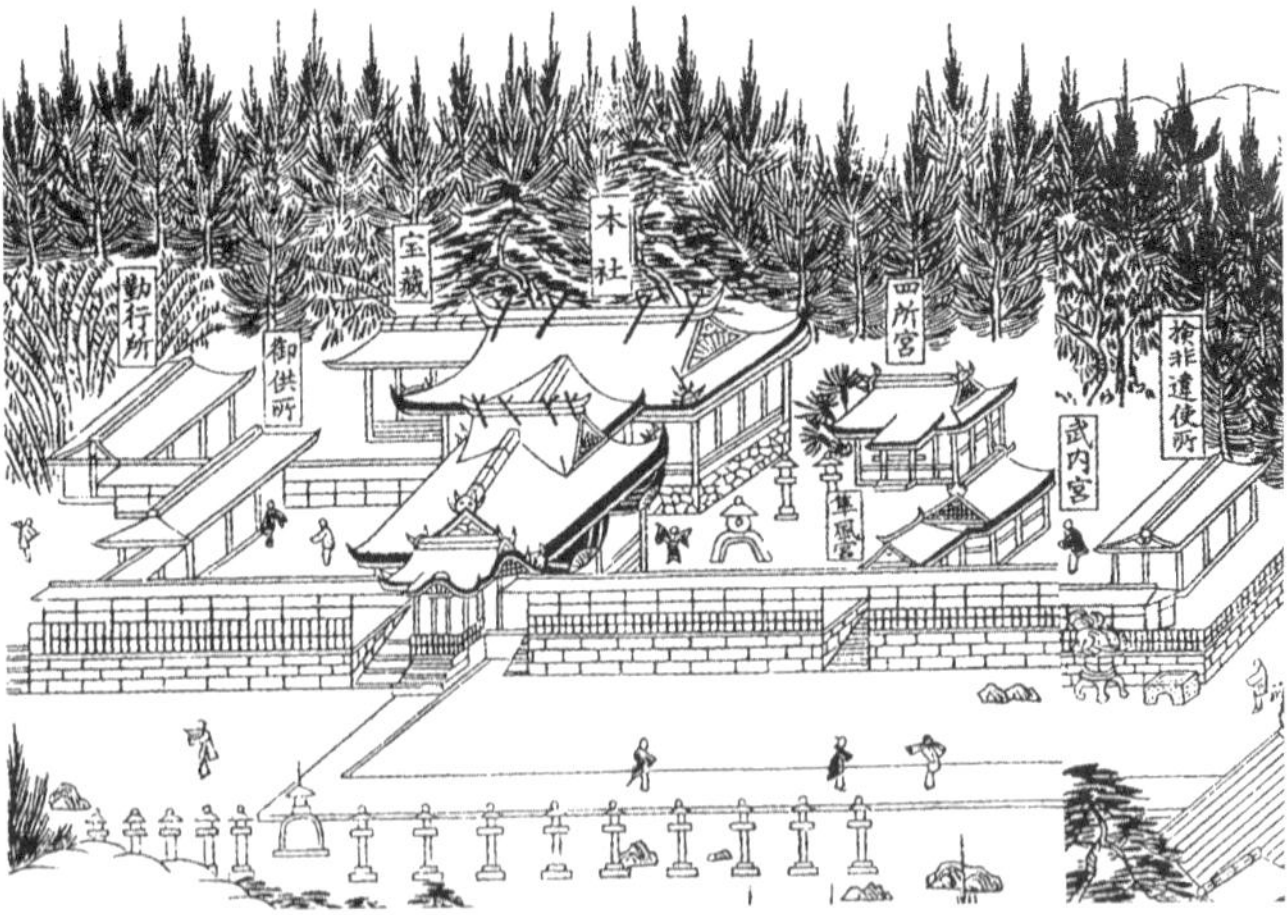

江戸時代の鹿児島神社（「三国名勝図会」より）

る」ことだけにとどめておきたい。

十世紀初頭の法律書『延喜式』によると、いわゆる式内社とよばれる官社が記載されている。式内社は大隅国に五社あるが、そのうちの四社はこの地域の所在である。他の一社は屋久島の益救《やく》神社であるから、本土の四社はこの地域に集中している。

鹿児島神社・大穴持《おおなもち》神社・韓国宇豆《からくにうず》峯《みね》神社・宮浦神社がそれである。このうちの鹿児島神社は現在の鹿児島神宮であるが、この神社は薩摩国（一社）・日向国（四社）の南部九州の式内社の全十一社のうち唯一「大社」であり、他はすべて「小社」と格付けされている。

したがって、この地域は大隅国府の所在地であるばかりでなく、南部九州唯一の大社の所在地である。それに対比すると、大隅直の拠点地域は式内社も存在しないことに気付かされる。その地域差は別に考えてみる必要があろう。

もう一つの地域が

大隅の二大豪族の地域をとりあげ、述べてきたのであるが、大隅にはもう一つの地域がある。それは、大隅の半島部である。

『和名抄』によると、本土南端と推定される肝属《きもつき》郡で、桑原・鷹屋・川上・鴈麻の四郷が属している。その肝属郡についてては史料が少なく、その具体的様相を知るのは困難な状況であるが、敢えてその様相に迫ってみたい。

『続日本紀』和銅六年（七一三）四月の条に、大隅国設置の記事がある。そこには、日向国の肝坏《キモツキ》、贈於、大隅、姶羅《アヒラ》の四郡を割《さ》いて、始めて大隅国を置く。

とあり、大隅国が日向国から分立したことと、肝坏（肝属）がもとは日向国の一郡であったことが記されている。

この四郡のうちの、贈於・大隅については、それぞれ地名を名告《なの》る豪族がおり、先述したのであったが、姶羅は現在の鹿屋市一帯である。この姶羅郡の地域も、おそらく大隅直一族の領域であったと推定され、肝坏郡の地域が残されていた。

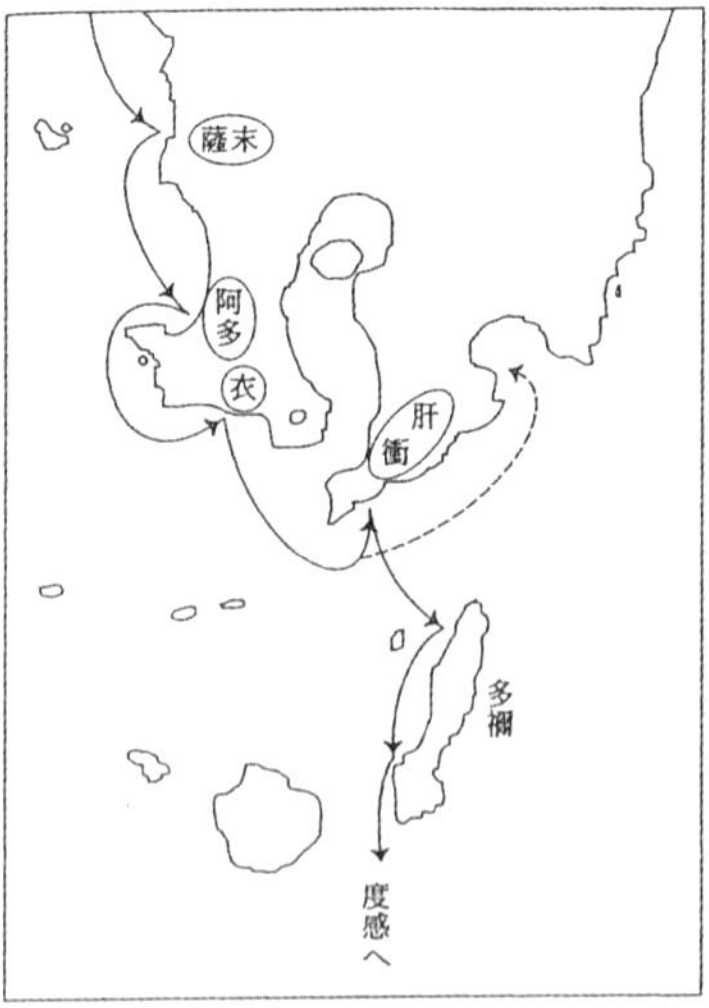

覓国使の航路

その肝坏を名告る人名が『続日本紀』の文武《もんむ》四年（七〇〇）六月の記事に出てくる。そこでは覓国使《べっこくし》を脅迫した人名としてつぎのようである。

また、肝衝難波《きもつきのなには》、肥人《ひひと》等を従へ、兵を持して剽却《ひょうきょう》す。

この事件については、その背景を述べなければならない。覓国使とは、国を設置するための使節である。この事件の二年前に中央政権は、南部九州に国を設置するために、文忌寸《ふみのいみき》ら八人を南島に派遣したが、その途次に南部九州各地にも立ち寄らせている。

ところが、南部九州各地で在地の豪族らに剽劫（脅迫）されたのであった。川内川河口付近や衣評《えのこほり》（のちの頴娃《えい》郡）、そして肝衝（肝坏）などであった。そのうちの肝衝では、肥人と呼ばれる海人集団と一緒になって武器を使って脅迫されたというのである。

肥人とは、その名からして九州西岸の海上を拠点とする一団と見られる。したがって、肝衝氏は肥人などと交流する海人的性格をもつ豪族であろう。その性格からして、南島との接触も頻繁で、とりわけ種子島は望める位置にあったことから、中央政権の種子島への勢力伸張には、以前より敵意を持っていたと思われる。

肝衝難波の背景をなす勢力は、先述した『和名抄』の記載からして、四郷を擁する肝属郡の規模であり、小さなものではないと思われる。律令の規定通りとすると、一郷五十戸で約千人から千二百人である。その四倍の人数すべてが肝衝氏の勢力の背景ではないにしても、かなりの勢力が推測されよう。加えて、肥人の支援もあった。しかし、肝衝氏の動向について、その後の史料は黙して何も語ってくれない。

人類学から見た隼人

大隅隼人と一括される隼人、その隼人を史書で少し深くさぐると、少なくとも三地域に区分できるようである。いっぽう、薩摩隼人も阿多隼人と、薩摩国府周辺の隼人に大別できるので、一概に「隼人」といっても多様である。

そこで、隼人を別の視点から分類できないかと、筆者は模索したことがあった。そこで見出したのは、形質人類学の視点であった。当時、この分野で筆者が注目したのは若手の研究者、松下孝幸《たかゆき》さんであった。また、松下さんの師にあたる内藤芳篤《よしあつ》先生であった。

内藤先生は、長崎大学教授で人骨研究の権威であり、筆者が紹介者もなく突然お訪

九州弥生人の三地域と遺跡

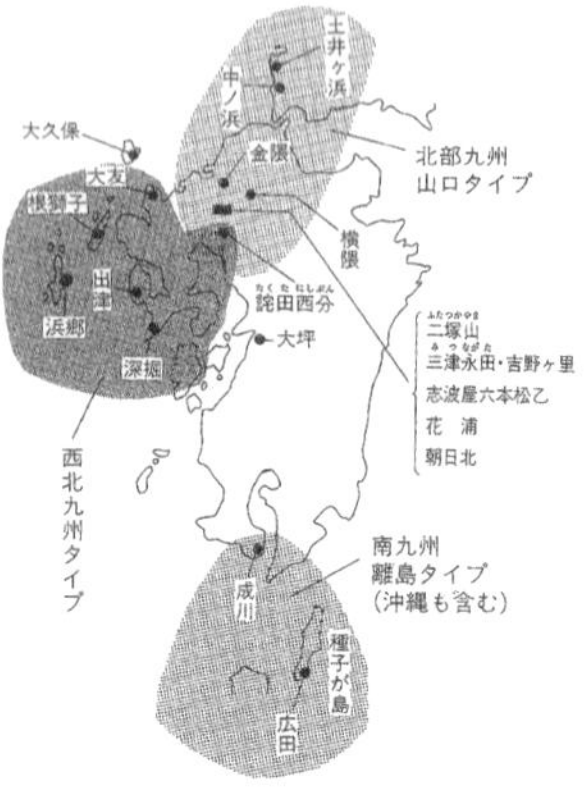

九州弥生人はどんな顔か

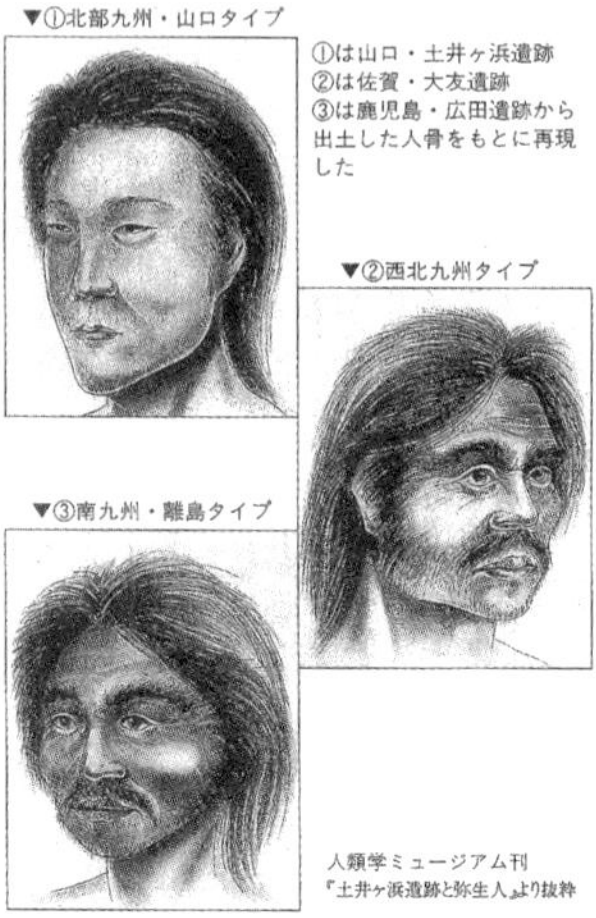

人類学ミュージアム刊
『土井ヶ浜遺跡と弥生人』より抜粋

ねして、幼稚な質問を連発しても、一つ一つご丁重にご教示下さり、ときに冗談も交えて応対していただいたことに、いまもって感謝している。

　松下さんは、山口県下関市の北部にある土井ヶ浜《どいがはま》遺跡人類学ミュージアムの館長を長年にわたり務められた、エネルギッシュな研究者である。筆者はこのミュージアムを何度も訪ね、ときには近くに宿泊所も世話していただいたこともあった。したがって、このお二人の研究者師弟には、筆者は大変お世話になった。

　松下さんが館長を務められていたミュージアム一帯は砂地で人骨の埋葬

地であった。約三〇〇体の完全に近い人骨が出土したというから、日本では稀に見る墓地遺跡である。その地にミュージアムは立地しており、隣接地には人骨の出土状況を、ほぼそのまま復元した見学用の施設が小体育館のような建造物のように覆屋《おおいや》付きで設置されている。

松下さんによると、それらの人骨は朝鮮半島からの渡来者の集団で、弥生時代に北部九州に稲作や金属器文化をもたらした人びとの一部であるという。渡来人の子孫は、やがて在地の人びとと混血し、他の地域の人びととは異なる体形になっていったらしい。

したがって、九州中部や九州南部から出土する人骨と比較すると、その差異が明らかである。松下さんの研究は、それまでも広く朝鮮半島各地や中国本土各地から出土する古人骨を現地で調査しており、遠くはエジプトでも調査した来歴があり、その活動範囲は世界的である。

そのような研究の成果を、一般の読者にわかりやすく説明しているのが、著書『日本人と弥生人』(祥伝社)である。この著書は筆者にも恵与され拝受しているので、いま手元にある。その著書の一部を、以下に引用させていただくことにしたい。文章部分より、写真や図版が解り易く要を得ているので、それらを主にしてみよう。

写真・図版によると、①北部九州・山口タイプは顔が長く、②西北九州タイプは中間的顔であり、③南九州・離島タイプは丸顔である。さらに説明を加えると、①タイプは一重まぶたで身長が高く、②③は二重まぶたで、少しずつ身長が低くなる。

また、頭蓋骨《とうがいこつ》（俗にズガイコツという）を上から見ると、①は前後にながく楕円形であり、②③は少しずつ円形に近くなる。③の場合は、その容姿について南九州の俗《ぞく》諺《げん》に「横ばいの小じっくい」と云うが、その表現がかなり当っているようである。

弥生人骨の出土

これまで述べた人骨の話は、弥生時代の古人骨を主としており、いまから約二千年前の時期に生存していた人類の骨から見た地域差である。

ところが、それに該当する時期の出土例は南部九州本土では少なく、稀に出土しても計測可能な場合は、非常に少ないという。それは、南部九州の地質は酸性が強く、骨が原形のままの状態で残存していることがほとんどないからだという。

人骨の保存に適した地質は、カルシュウム分の多い所だという話である。そのような地質は石灰岩地域で、鍾乳洞《しょうにゅうどう》などであり、ほかでは貝塚の堆積地か、砂浜がよいらしい。貝塚には貝のカルシュウム分があり、砂浜の砂の中には貝の細片が多くまじっているという。土井ヶ浜がそのような適地に立地していたのである。

古人骨の残存に適している箇所は、南部九州本土には少なく、南島には珊瑚礁《さんごしょう》の石灰質で形成された地質の島がある。しかし、それら古人骨残存適地が墓地として選ばれるとは限らず、古人骨出土例は多くないといわれている。

さらに、筆者が知りたいと思う七〜八世紀の隼人の時代の古人骨が出土する例は稀で、松下孝幸さんは、筆者の文献を主にした研究に興味を示していた。なかでも、肥後や豊前・豊後などからの隼人の地域への住民の移動については、その詳細を知りたがっていた。したがって、現段階では古人骨から隼人の特性研究はあまり進んでいない状況である。

種子島広田遺跡の人骨出土状況
（盛園尚孝氏提供）

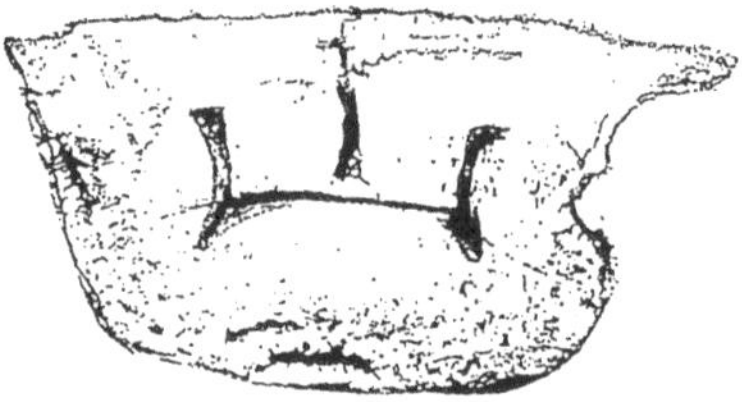

「山」字を刻んだ貝符（鹿児島県広田遺跡）

考古学界で活躍していたある研究者が、父祖の地である南さつま市加世田地区に現存していた歴代にわたる先祖の墓石を発掘して、その人骨を調査するというので、筆者はその成果を期待して現地で見学させていただいたことがある。二十五年ぐらい前のことである。

ところが、土葬されていた先祖の人骨は酸性土壌によって分解、腐蝕が進み、見るべき成果が得られなかった。

また、鹿児島市内の廃仏毀釈で廃寺となった跡地を公園にするため、工事をしていたところ、墓地跡から江戸時代の土葬痕跡が見つかったが、その痕跡は棺桶の形をした黒色土壌によって判別したもので、人骨は全く見出せなかった、と聞かされている。

南部九州から、古人骨が大量に出土し、全国的に有名になった例がある。指宿市山川町の成川《なりかわ》遺跡と、種子島の広田《ひろた》遺跡である。前者は砂丘遺跡であるが、人骨の計測が困難な例が多く、数値計測は少なかったので、後者について少し述べておきたい。

広田遺跡は、一九五五年（昭和三〇）の九月末の台風によって、種子島南東（南種子町平山）の広田海岸の小砂丘が大波に洗われ、一帯が露出されて発見された遺跡である。筆者は遺跡を通報され、その重要性を鑑識された盛園尚孝《もりぞのなおたか》氏（当時、近くの中学校勤務）から、その状況を親しく聞く機会に恵まれ、貴重な写真もいただいている。その詳しいことは、拙著『ハヤト・南島共和国』（春苑堂出版）に記しているので、参照して下されば幸いである。

残存状態のよい多数の人骨ばかりでなく、装身具も多様で、とりわけ貝符と称されているペンダントや、「山」字を刻んだその一枚は、文字か紋様かで話題になった逸品《いっぴん》である。諸遺物から見て、遺跡は弥生時代を中心とした時期である。

本土の成川遺跡、南島入口の広田遺跡、両遺跡出土の人骨の計測地は類似しており、隼人の先祖とみられているので、隼人の原郷は南島系にあると判別できそうである。

八章　史書の独断・偏見を正す

興福寺中金堂の復興

奈良・興福寺の中金堂《ちゅうこんどう》がようやく復興された。

筆者は若き日に、毎日のように興福寺旧境内の中を歩いていた。大学が興福寺とは道路一つ隔てた場所（現在の県庁敷地）にあったので、国立博物館と興福寺五重塔の間の芝生を踏んで通学していた。大学の寮が高畑《たかばたけ》にあったので、浮御堂《うきみ》や飛火野《とびひの》の傍を抜けると、興福寺を横切ることになる。

寮を出て、平成宮跡北側の下宿に移ったが、その時は近鉄西大寺《さいだいじ》から電車に乗り、

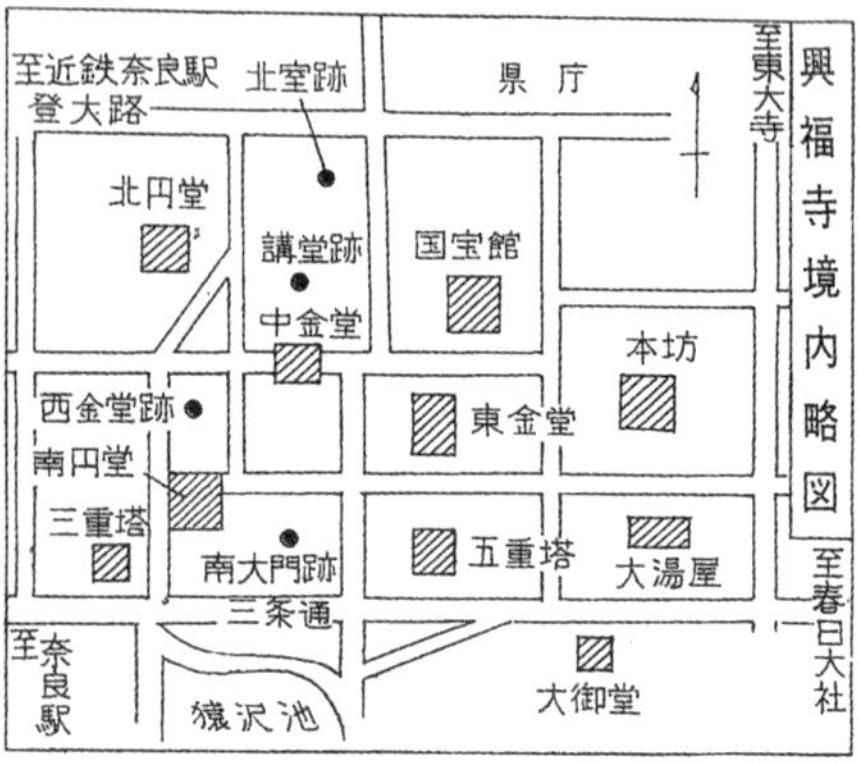

興福寺境内略図

近鉄奈良で下車すると、ゆるやかな坂道を数分ばかり登って大学へと歩いた。その登大路《のぼりおおじ》の右手は興福寺であった。その一角には県立図書館があり、興福寺は筆者にとっては日常的な存在であった。

興福寺は奈良時代に創建されたが、何度も火災に見舞われ、江戸時代の享保二年（一七一七）の大火災では現存の北円《ほくえん》堂・五重塔・東金堂などを除いてほとんど焼失している。また、明治維新の廃仏毀釈では廃寺同然となり、周辺の築《つい》地塀《じへい》は破壊された。

しかし、明治二十年代に入ると復興の気運が起こり、法相《ほっそう》宗の本山として活動を再開している。それでも、焼失した諸加藍は容易に復興がかなわず、周囲の築地塀も破壊されたままであるため、寺院としては空間が広く、また開放的であった。

復元成った興福寺中金堂

興福寺伽藍古図の一部
（泉谷康夫氏 著書より）

そのような境内に、二〇〇年ぶりに中金堂が復興されたため、寺院の中核が明確になり、今後さらに西金堂や講堂の再建が進めば、奈良時代の豪華な全貌が再現されることになる。

興福寺は名族藤原氏の氏寺《うじでら》で藤原不比等《ふひと》によって創建が開始され、約一世紀後の平安初期にほぼ全容が整ったといわれる。長期にわたっての造寺は、藤原氏の権力と財力を誇示し、古代寺院の雄と見られる各伽藍は豪華なものであった。

その興福寺の前身は山城国の山科《やましな》にあった山階《やましな》寺、ついでに飛鳥に移り厩坂寺《うまやさか》となったといわれているが、これらの寺院については詳しくは分かっていない。そのような歴史的状況からすると、奈良の興福寺はその東方に氏神である春日大社を擁し、藤原氏の神・仏が平城京の京外を広く占拠して藤原氏の存在を浮かびあがらせている。

藤原不比等は中臣鎌足《かまたり》の子であり、不比等の四子は四卿《しきょう》と呼ばれるようにそれぞれが中央政界の要職につき、南家《なんけ》（武智麻呂《むちまろ》）・北家《ほっけ》（房前《ふささき》）・式家《しきけ》（宇合《うまかい》）・京家《きょうけ》（麻呂《まろ》）に分かれて活躍した。また、不比等の娘光明子《こうみょうし》は聖武天皇の皇后であったから、藤原氏の勢威は目を見張るものがあった。

ところが、都で猛威を振るった天然痘が四卿をおそい、天平九年（七三七）に四卿がつぎつぎに倒れ、一時的にその勢威は挫折してしまった。その後は北家が勢いを回復し、平安時代には最盛期を迎えた。

蘇我氏を追う藤原氏

復元された中金堂を見ていると、藤原氏は蘇我氏を手本にして繁栄していたとの思いに駆《か》られる。

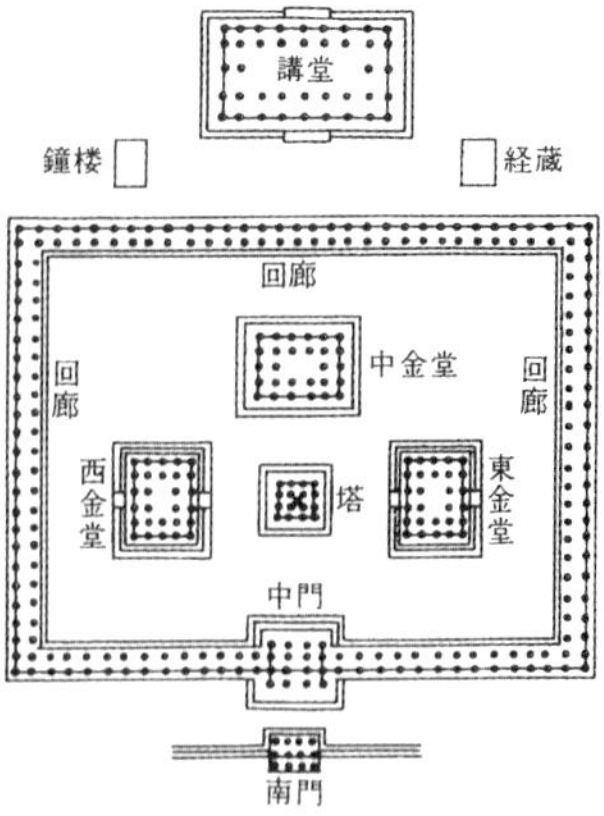

飛鳥寺伽藍配置図

　蘇我氏は大王（天皇）家に子女を嫁がせ、その所生子が大王になり、その権威を背景にして権力を振るった。また、氏寺として飛鳥寺を建立していたが、その伽藍配置が発掘調査によって明らかになると、五重塔を囲んで東・中・西の三金堂が配置されていた。そのような伽藍配置は日本の古代寺院では他に例がなく、朝鮮半島に先例があったことが知られるのみであった。

　藤原氏（北家）が平安時代には、かつての蘇我氏と同じように、新制の摂政・関白として天皇を代行している。そこでも娘を妃として宮中に送り込み、その外戚として実権を掌握していた。

　その蘇我氏を倒したのは藤原家の祖、中臣鎌足であった。そこでは蘇我入鹿《いるか》とその父蝦夷《えみし》を独断・横暴としたのであったが、藤原氏は台頭を妨げた長屋王《ながやおう》を自殺に追い

飛鳥寺復元想像図（やまうち裕子さん提供）

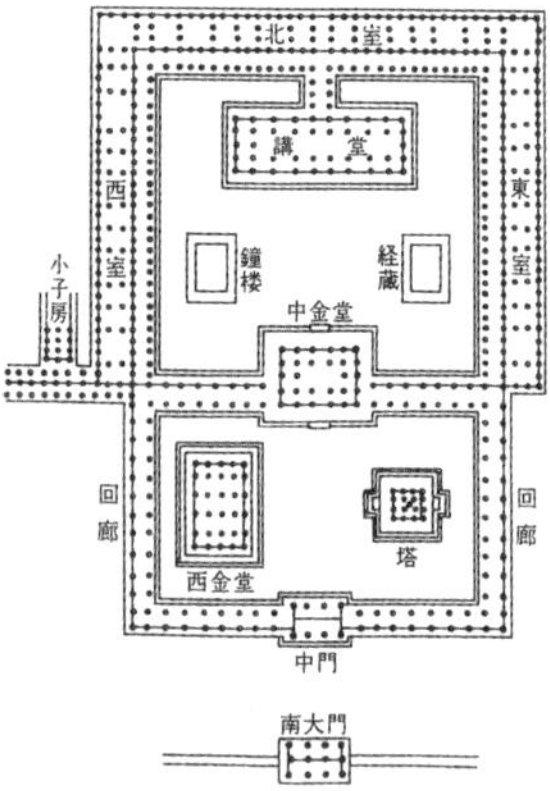

川原寺伽藍配置図

込み、光明子を強引に皇后の地位につけて地《ち》歩《ほ》を固めたのであった。

その台頭の過程は、かつての蘇我氏が姿と形を変えた再現に外ならないもの、と筆者は見ている。いま、興福寺を参詣して、新装なった中金堂の威容に目を見張ると、かつての蘇我氏の氏寺飛鳥寺と二重映しになり、藤原氏が氏寺まで蘇我氏を手本にしているように思われる。

さて、ここまで想像してくると、藤原氏が氏寺を興福寺としたその法号の由来が見えてくるようである。筆者が考えついたナゾ解きを提示してみよう。

川原寺模型（飛鳥資料館）

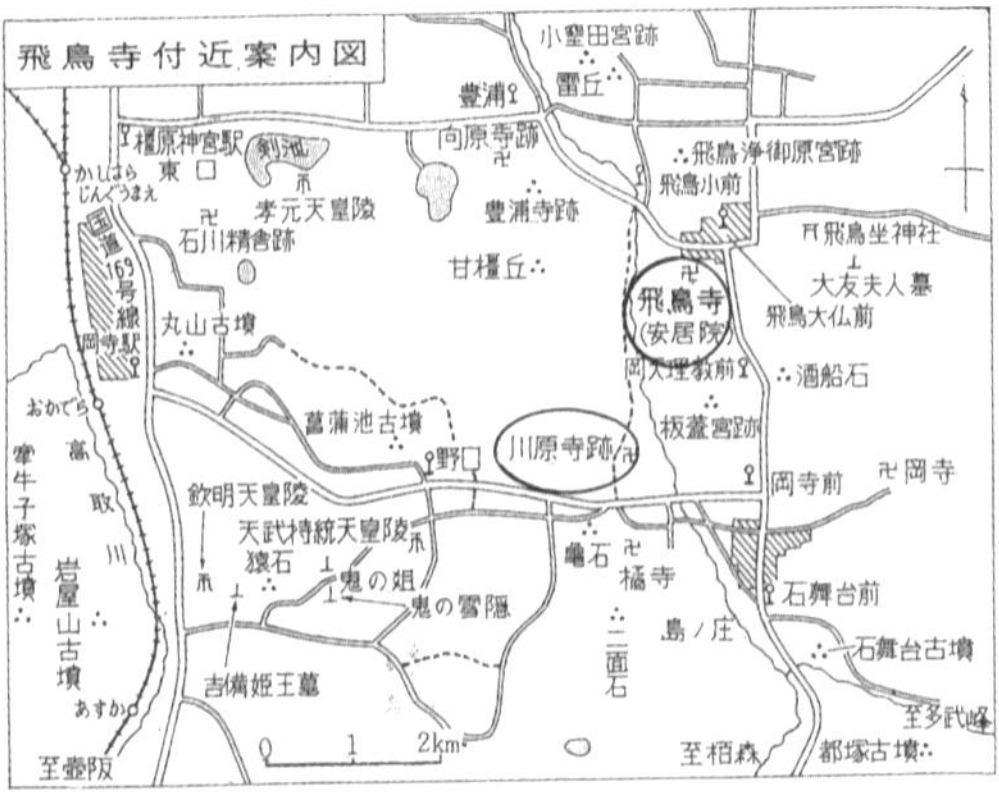

じつは、飛鳥寺という名称は地名にもとづく通称であり、法号は法興寺《ほうこうじ》であった。また近くには、天智天皇の勅願寺であった川原寺《かわらでら》があり、その法号は弘福寺《ぐふくじ》であった。川原寺の名称も地名にもとづく通称である。川原寺は天智天皇、すなわち中大兄《なかのおおえ》皇子の勅願寺であり、かつて藤原氏の祖中臣鎌足と共に乙巳《いっし》の変《へん》で蘇我氏を倒した人物に由来し、弘福寺も飛鳥時代の大寺であった。

その両寺の法号、法興寺と弘福寺が興福寺の寺名には秘められているようである。そのうちの川原寺は、いまは昔日の面影はなく、その遺構（礎石が主）が現存している。また川原寺の南には聖徳太子創建と伝える橘寺《たちばなでら》の遺構が伝えられているが、調査の結果を見ると、この寺院も天智天皇の建立のようである。

隼人は見た　三金堂

蘇我氏が建てた飛鳥寺（法興寺）を南部九州からはるばる朝貢にやってきた隼人た

ちは見ていた。朝貢して来た者を朝廷がもてなす場所は、飛鳥寺の西の槻《つき》の樹の下が定められた場所であり、隼人ばかりでなく蝦夷《えみし》も朝鮮半島の人びともそこで接待を受け、貢物《みつぎもの》を献上していた。

槻とはケヤキであり、目立つ大樹であったようである。槻は南部九州にもあるが、一般的にはあまり好まれない、と植物学者から聞いている。というのは落葉樹であるから、冬季でも日陰を求める鹿児島では植樹に不向きらしい。

そのケヤキをわざわざ道路の両側に植えてある所が鹿児島にあるとも聞いた。それは市役所前の「みなと大通り」のことであった。冬季に落葉すると、その枝をイルミネーションで飾り、一見すると華やかに色どられているという。

この話を聞くと、筆者は東北仙台の駅前大通りを想い出した。ケヤキ並木である。現地の友人と歩きながら、冬になったらイルミネーションが点灯し、美しい街並になると聞いた。また、東北では常緑樹は雪の重みで枝が損傷を受けるし、冬でも陽光の欲しい人びとには好まれない、とも聞いた。

鹿児島の「みなと大通り」は、東北を真似ているようで、風土には合わないように思われる。少し話が横道にそれたが、飛鳥の槻広場は古代史ではしばしば登場している。

隼人の場合は、天武天皇十一年（六八二）七月に朝貢の初見記事がある。七月に隼人などに関して三つの記事があるので、それらを筆者なりに摘出して記述してみたい。

隼人多く来たる。土地の産物を貢ぐ。大隅隼人と阿多隼人が朝廷（宮中の庭）で相撲をとる（相撲は服属儀礼の一種）。

隼人等を明日香《あすか》寺之西で饗応する。種々の音楽を奏する。

隼人に禄《ろく》（物品）を賜う。出家者も一般人も悉《ことごと》く之を見る。

これらの記事から推測できるように、朝廷では隼人たちを歓待したようである。片道ほぼ四十日はかかる遠路を、野宿と自炊を重ねての旅を続け、やっとたどりついた隼人たちであったから、隼人たちをもてなすのは当然のなりゆきのようでもある。

官道は整えられつつあったが、それは官人たちの公用のためのものであり、隼人の使用は許されなかった。また、貢物にした大隅・薩摩（阿多）地方の産物とは何であったか。気になるところであるが、後出の記事からすると、麻布や牛皮・鹿皮などの類であろうと想像される。

この記事に出てくる「明日香寺之西」とは、先述した槻の大樹のある広場であろう。なお、明日香寺とは飛鳥寺であるが、この時期にはほぼ全伽藍が整備され、その偉容が見られたはずである。さらに、持統天皇三年（六八九）や同九年にも隼人は朝貢しているが、その饗応の場所も、やはり槻の下であった。

いま、飛鳥寺と呼ばれている場所は旧中金堂《ちゅうこんどう》の位置に建設した安居院《あんごいん》であり、そこに本尊の焼痕の残る飛鳥大仏が安置されている。その安居院の前には槻が植えられてもいる。なお、旧境内や周辺部の発掘調査の結果、槻の大樹のあった広場は、境内の北西にあたる場所に立地していたと推定されている。

朝貢した隼人たちは、飛鳥寺のそびえ建つ五重塔やいくつもの大建築に驚嘆したことは想像に難くないが、帰郷後はその壮大さを故郷の人びとに語り聞かせるとともに、その背後にある測り知れない権力の存在を感じとったものと思われる。

南部九州に住み続け、朝貢などで故郷の生地を動くことがなかった隼人たちは、中央政権の権力の強大なさまや、かれらが造形した飛鳥寺のような巨大な建造物を知らぬまま、その生涯を閉じたのであった。

大隅・薩摩（阿多）への仏教の伝来は、持統天皇六年（六九二）と記録されているが、それは僧侶や仏像がこの地の役所に移されたものであり、国分寺などの造立は八世紀の終末ごろと推定されている。

蘇我一族は悪党か

飛鳥の石舞台《いしぶたい》古墳は蘇我馬子《うまこ》の墓とするのが通説であるが、このような大古墳（方墳《ほうふん》）に葬られた馬子や、その子蝦夷《えみし》、孫の入鹿《いるか》などは、権力を擅《ほしいまま》にした悪人たちと思い込んでいる人が意外と多いことを筆者は感じている。いっぽう対称的に、蘇我氏を討った中大兄《なかのおおえ》皇子や中臣鎌足（藤原氏の祖）らは正義感の強い人びとだとも信じ込んでいるようである。

しかし、蘇我氏らは悪人たちで、藤原氏の人びとは善人だと断じることができるのであろうか。

蘇我一族を悪党だ、と最初に記したのは『日本書紀』で、そこでは天皇（大王）の地位を脅《おびや》かした一族のような書きぶりである。その記述を受け継いで、戦前の教科書はさらに脚色されて蘇我一族は極悪人のように書かれている。そのような教科書で学んだ子どもたちは、「蘇我は悪人だ」との思い込みが骨の髄まで染《し》み込んでおり、それが子や孫まで語り伝えられている場合もあるようである。

石舞台古墳の石室外部（巨石露出）

しかし、少し冷静になって考えると、『日本書紀』を記述し、編纂したのは当時の権力者側の立場の人物であり、その意向にそって書かれていることに気づくはずである。

また、藤原氏は蘇我氏を手本のごとくにして、勢力を伸張させたのは明らかであった。ところが、中臣鎌足を祖とした藤原氏については、道長の

此の世をば　我が世とぞ思ふ望月《もちづき》の　虧《かけ》たる事
も　無しと思へば

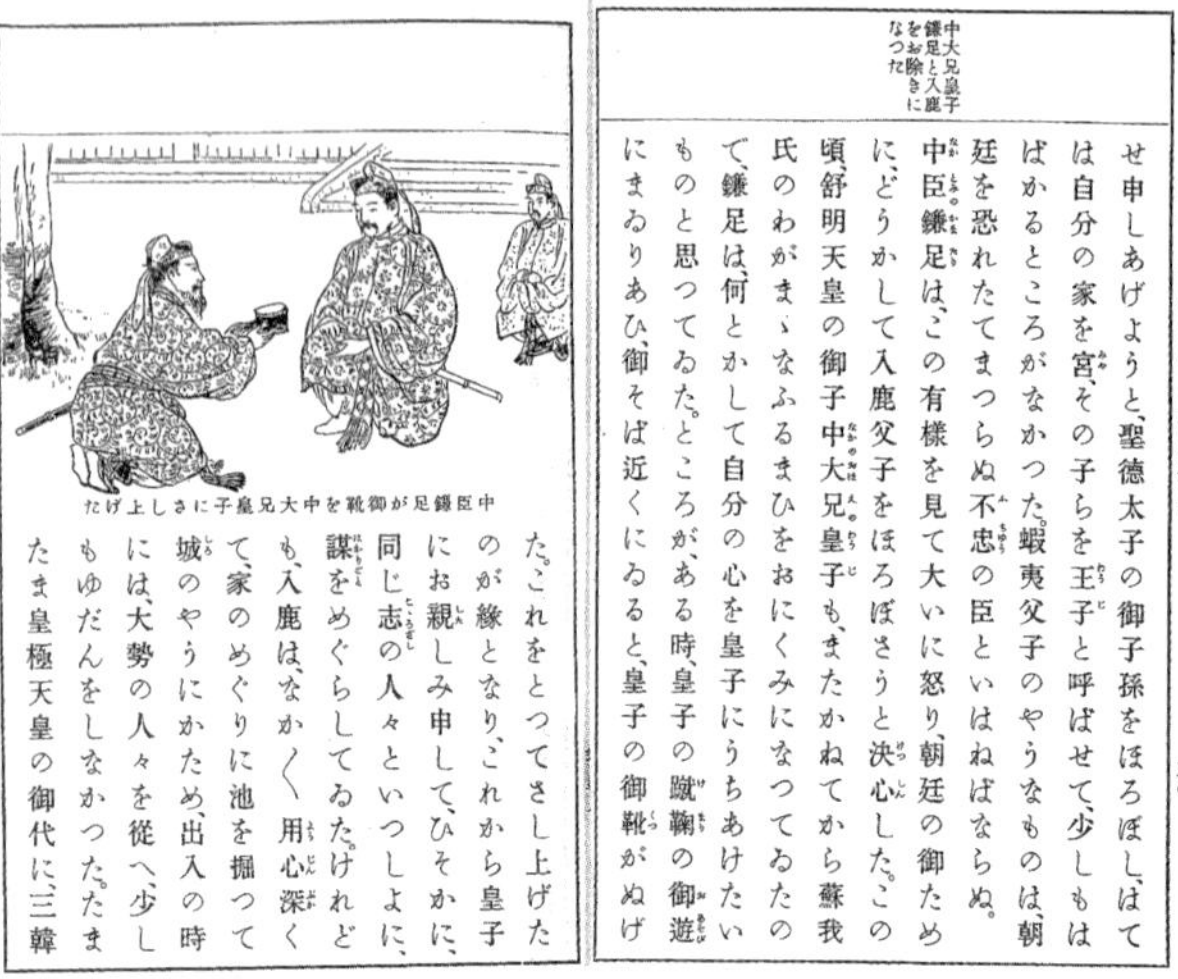
第七　天智天皇と藤原鎌足

中大兄皇子鎌足と入鹿をお除きになつた

せ申しあげようと、聖徳太子の御子孫をほろぼし、はては自分の家を宮《みや》、その子らを王子《わうじ》と呼ばせて、少しもはばかるところがなかつた。蝦夷父子のやうなものは、朝廷を恐れたてまつらぬ不忠《ふちゆう》の臣といはねばならぬ。

中臣《なかとみの》鎌足《かまたり》は、この有様を見て大いに怒り、朝廷の御ために、どうかして入鹿父子をほろぼさうと決心《けつしん》した。この頃、舒明天皇の御子中大兄《なかのおほえの》皇子《わうじ》も、またかねてから蘇我氏のわがまゝなふるまひをおにくみになつてゐたので、鎌足は、何とかして自分の心を皇子にうちあけたいものと思つてゐた。ところが、ある時、皇子の蹴鞠《けまり》の御遊《おあそび》にまゐりあひ、御そば近くにゐると、皇子の御靴《くつ》がぬげ

三〇

第七　天智天皇と藤原鎌足

中臣鎌足が御靴を中大兄皇子にさし上げた

た。これをとつてさし上げたのが縁となり、これから皇子にお親《しん》しみ申して、ひそかに、同志《どうし》の人々といつしよに、謀《はかりごと》をめぐらしてゐた。けれども、入鹿は、なかなか用心《ようじん》深《ぶか》くて、家のめぐりに池を掘つて城《しろ》のやうにかため、出入の時には、大勢の人々を従へ、少しもゆだんをしなかつた。たまたま皇極天皇の御代に、三韓

三一

戦前の小学校教科書

の歌に圧倒されたかのように、悪評の声は消えているようである。

蘇我氏について評価しなければならないのは、その文化的功績を見るのが理解しやすい、と筆者は思っている。その代表的一例が、日本最初の本格的寺院法興寺（飛鳥寺）の建造であろう。

崇峻《すしゅん》元年（五八八）に起工し、蘇我氏滅亡後も官寺として優遇され、十二世紀末まで伽藍を保っていた。都が平城京に移っても原地で温存されていたのであった。ただ、平城京に創建された元興寺《がんごうじ》は、その後身寺

院とされ、現在も奈良の猿沢池の南に伽藍の一部が伝えられている。なお、飛鳥の法興寺跡は発掘調査の結果、東西は約二町、南北は約三町の敷地で、具体的に分りやすく表現すれば、普通の小学校が六校は造れる広大なものであった。

寺院は文化発信基地

ある中学校の社会科の授業を参観させていただいた。すると、先生が小学生のときまでは「お寺」といったが、中学生になったら「寺院」という教養のある言葉を使いなさい、といって生徒に説明していたのを、いまも思い出して苦笑することがある。生徒たちはその説明に感じ入っていた。

寺院とは文字通り子院（支院）をもつような大規模な寺で、現在の鹿児島には存在していないのではないだろうか。しかし、江戸時代までは福昌寺や大乗院などの寺院が存在しており、境内にいくつもの子院（搭頭《たっちゅう》）をかかえていた。しかし、廃仏毀釈によって上記の寺院のほか、志布志の大慈寺《だいじじ》、霧島の華林寺《けりんじ》などが破壊され、いまでは、その後に建立された「お寺」ばかりになってしまった。

ところで、お寺とは何をするところかを、中学生にたずねてみたかったのであったが、参観者が質問するのは、授業を妨害することにもなるので、その質問は控えたが、おそらくは「葬式をする所」という返事が多いのではないだろうか。

いまのお寺は葬式と法事が主なつとめになっていて、なんとなく暗いイメージがつきまとう。お寺に行く人は黒い服装をまとい、数珠《じゅず》をもっているから、なおその感じが強まる。しかし、葬式や法事がお寺の本来の役割ではなかったことを、考えておきたい。

大学時代、筆者は法隆寺でアルバイトをしていた。そこで、いままで体験しなかった多くのことを見聞し、毎回驚きをもって、その理由を考えさせられた。法隆寺は葬式とは無縁であった。境内に墓地はなく、僧侶以外は黒い服装で出入りする人も見かけなかった。

また、法隆寺で最も大きな伽藍（建物）は講堂であることに気づかされた。それは法隆寺だけでなく、古代寺院に共通することであった。講堂という語は、小学校入学以来聞かされていたので、学校独自の建造物という観念があり、儀式をする所で校長先生が教育勅語を拝読する場所と思い込んでいたのであった。

ところが、法隆寺で若いお坊さんにその疑問についてたずねると、講堂とは講義をする所で、学校の教室と同じとの返事であった。また、学校の講堂は寺院の建物に由来するとも聞かされた。さらには、寺院は本来学問研究の場所であり、いまの大学と同じであることも。

そういえば、法隆寺の寺務所入口に、「法隆寺学問所」という看板があったことを思い出した。

いまは見る事ができない飛鳥寺も、発掘調査の結果、大講堂跡が確認されている。法隆寺より一世紀も早く、蘇我氏は学問研究の場所を創建し、文化を発信していたのであった。

第三部

九章　薩摩の事始め

奈良時代に学校が

薩摩国に奈良時代、八世紀に学校があった。と聞いたら耳を疑う人がいるかも知れない。というのは、筆者はかつて明治時代の学制の開始期に、鹿児島県の就学率が全国最低であったことを述べたことがあったからである。それは、明治初期の文部省統計が明らかにしている（拙著『薩摩　民衆支配の構造』南方新社）。

そのような後世の実態から見て、奈良時代に薩摩に学校があった、と聞いても信じ

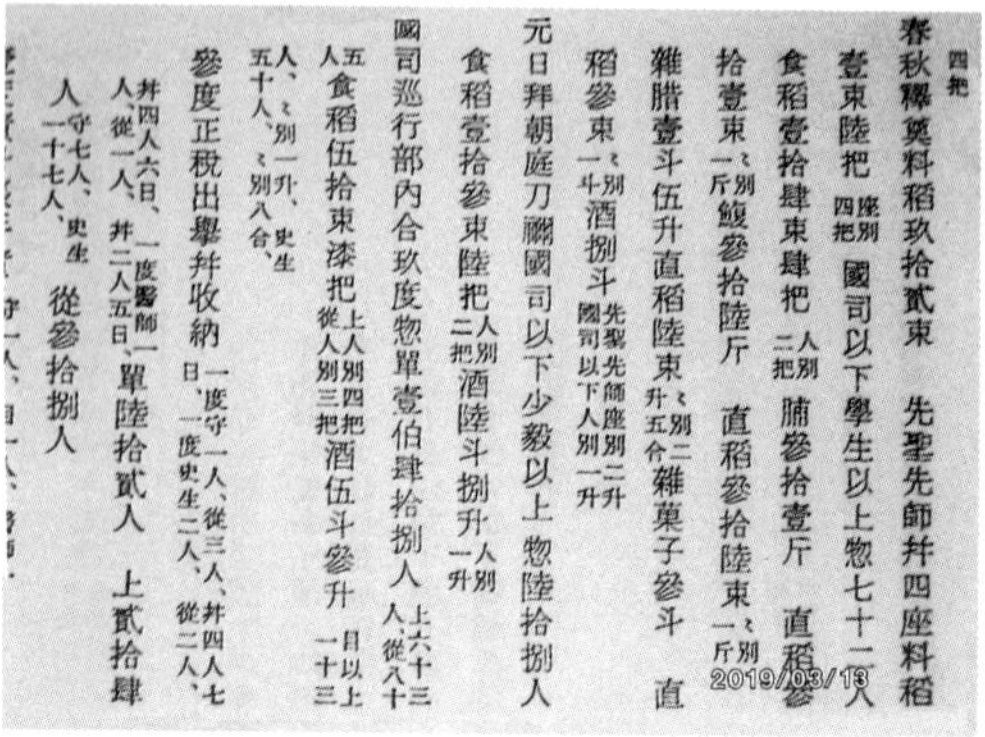
春秋釋奠料稲玖拾貳束　先聖先師并四座料稲
壹束陸把 座別四把 國司以下學生以上惣七十二人
食稲壹拾肆束肆把 人別二把 脯參拾壹斤　直稲參
拾壹束 〻別一斤 鰒參拾陸斤　直稲參拾陸束 〻別一斤
雜腊壹斗伍升直稲陸束 〻別二升五合 雜菓子參斗　直
稲參束 〻別一斗 酒捌斗 先聖先師座別二升 國司以下人別一升
元日拜朝庭刀禰國司以下少毅以上惣陸拾捌人
食稲壹拾參束陸把 人別二把 酒陸斗捌升 人別一升
國司巡行部内合玖度惣單壹伯肆拾捌人 上六十三人、従八十
五人 食稲伍拾束漆把 上人別四把 従人別三把 酒伍斗參升 目以上一十三
人、〻別一升、史生五十人、〻別八合、
參度正税出擧并収納 一度守一人、従三人、并四人七日、一度史生二人、従二人、
并四人六日、一度醫師一人、従一人、并二人五日、 單陸拾貳人　上貳拾肆
人 守七人、一十七人、史生 従參拾捌人

「薩摩国正税帳」（２行目に「學生」とある）

られないような話である。でも、学校があったことは事実である。それは、偶然に残存していた文献に記述されていたことから判明している。

奈良時代の歴史については『続《しょく》日本紀』に依る所が大きい。薩摩国の場合も同じである。ところが、薩摩国の場合は、東大寺の正倉院に残存していた文献が、断片的ではあるが、薩摩国の奈良時代天平《てんぴょう》期のことを記していて、『続日本紀』では知ることができない一面を詳細に伝えている。

その史料は、「薩摩国正税《しょうぜい》帳」という税の収支を記したもので、天平八年（七三六）一か年のことで、それも断簡であるから、そこに記されて伝存しているのは記述の一部分だけである。ところが、その断片的記述が、現代人にとっては意外な事実として、古代の薩摩の実態を知らせてくれるのである。

まず、その一つを紹介してみたい。原文は漢文体で読み難いので、必要な箇所だけを摘出し、要訳して記すとつぎのようである。

春秋の釈奠《せきてん》（孔子を祀る典礼）には国司以下学生以上の惣《すべ》て七十二人が参加する。

ここに出てくる「学生」とは、諸国に設置された国学《こくがく》の学生のことで、郡司の子弟を教育するための学校である。郡司は在地の豪族が世襲で任命されるのが原則となっていた。したがって、国学では次世代の郡司教育のため、当時の学問の中心となっていた孔子の儒学を基本として、実務的な文書の作成などにいたる行政の手法などを教えたのであろう。

八世紀の律令政治は、中央集権体制であったから、中央で発せられた諸指令が地方に文書で通達されて施行されていた。したがって、直接民衆に接する位置に配置されていた郡司の役割は重要であった。そのための教育機関である国学が薩摩国にも設けられていたのである。

薩摩の国学は国府のあった薩摩川内市に存在したのであろうが、現在までのところその具体的な場所は見出されていない。律令の中に規定されている学令《がくりょう》や職員令《しきいんりょう》などによると、中国（国の規模を示す等級）であった薩摩国では学生の定員は三十名となっているので、その学生が春秋の釈奠に参加したとみられる。

『薩摩国正税帳』によると、八世紀天平時代に薩摩国に国学があり、学生が存在したことが判り、薩摩国に早い時期に学校が設置されていたことが確認できる。

古代薩摩の産物

いま、薩摩の代表的産物を問われたら、何をあげるだろうか。からいも・つけあげ・焼酎・キビナゴ……、まだまだある。黒豚・ラーメン・かつおなど十指に余る。それでは、古代はどうであろうか。いまの産物は古代には無かったものが大部分である。魚類については、鰒《あわび》を除いてはほとんど記録がないので不詳であるが、六八九年の『日本書紀』の記述によると、大宰府（前身）を通じて「布五十常、牛皮六枚、鹿皮五十枚」を献上している。

「布」は麻布であり、当時の庶民が常用していたもので、いわゆる木綿《もめん》はいまだ日本には存在しなかった。皮類では「鹿皮」が多いが、鹿皮は皮革としての需要ばかりでなく、毛を筆に用いており、当時の筆記用具として必需品であった。「鹿皮」を大宰府に運んだ記録は、「薩摩国正税帳」にも見えるので、薩摩の産物として知られていたのであろう。

つぎに、「薩摩国正税帳」には薩摩国から大宰府に運んだ品物に「甘葛煎《あまづらせん》」がある。この物品の正体は長い間よく知られていなかった。ある辞典には「今のアマチャヅルに当るといわれる蔓《つる》草の一種。またその蔓草からとった甘味料」と説明されている。

筆者もかつては、この説明を鵜《う》呑《の》みにして、アマチャヅルを探して写真をとり、植物の学者にそれが甘味料になるのかを尋ねたこともあったが、葉に甘味分があるものの、どうもはっきりしなかった。いっぽうで、『宇津保《うつぼ》物語』などには、「金の甕《かめ》に甘葛煎を入れ」て保存した話などがある。

同物語は十世紀後半に成立したとされており、物語類としては早い時期のものである。とすると、古代にはよく知られた甘味料で、貴重な品物であったようである。

ところが、思わぬところから甘葛煎の情報がもたらされた。北九州の古代史グルー

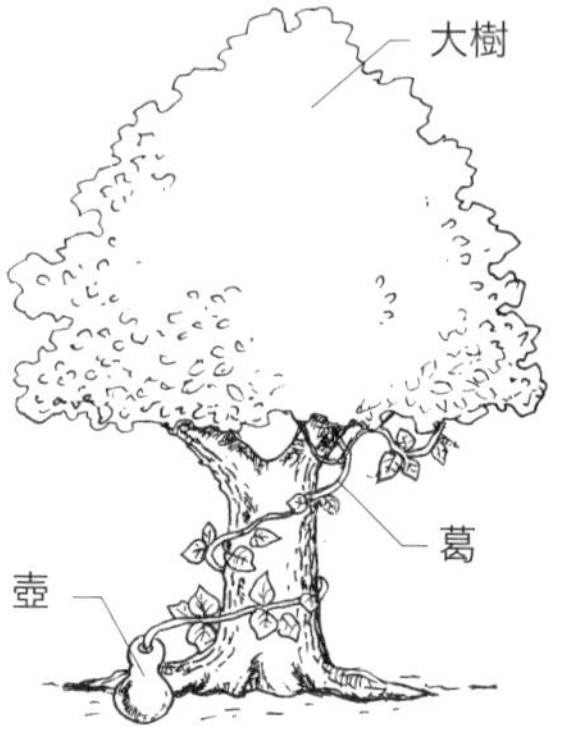

「甘葛煎」の原料採集

プがその甘味料を造り出した、というのである。甘葛煎の字句をヒントに、大樹にからみついている葛《かづら》から液を抽出し、その液を煮詰めたところ、甘味料ができたというのである。まさに字意の通りの操作であった。その甘葛煎が薩摩国の産物で、大宰府に運ばれていた。

薩摩での甘葛煎造りは八世紀前半であったから、『宇津保物語』より二世紀以上早い。薩摩人はその製法をどこから学んだのであろうか。大宰府では、その甘味料情報を聞き出し、薩摩国庁に命じてその甘味料を大宰府に運ばせているが、その後は朝廷に献上したことが推測される。なお、先日奈良市で入手したパンフレットによると、奈良市内の小学生が女子大の協力のもと、甘葛煎を造っていた。原理は同じだが、製法は要領よくなっている。

ちなみに、薩摩国庁から大宰府まで、「擔夫《たんぷ》參人」で「十九日」かかったことが正税帳には記されている。三人で担いで、往復で十九日で、上りに十日、下りに九日要したとある。三人で担ぐとなると相応の量であろう。

筆者の試算では、大宰府までの距離を十日で歩くとすると、毎日ほぼ二七キロは歩いたことになるが、これは古代の歩行としては平均的距離であり、帰路は少し早く歩いたことになる。

この甘葛煎製作に興味のある方は、一度試作されて、その甘味を味わっていただきたい。また、その情報を筆者にもお聞かせ願いたい。現代人は、この甘味料が存在したことをすっかり忘れてしまっている。先述した辞典の記載がその証左である。

阿多から薩摩へ

「阿多隼人」の名称は、現在阿多地域に住んでいる人びとの間でもあまり知られていない。それほどに、この名称はいまでは忘れられている。史書では七世紀の住人として記されているので、ざっと一三〇〇年以前の住民の名称であるから、止むを得ない

万之瀬川河口近く（対岸は金峰山の遠望）

ことであろう。

八世紀なると、阿多隼人に代わって「薩摩隼人」が史書に登場してくる。この名称の変化について、まず少し述べておきたい。

阿多も薩摩も地域名であり、それぞれのちには郡名となり永く存続していた。阿多は薩摩半島の中心部で、そこには万之瀬《まのせ》川が貫流している。薩摩は国域の中ではかなり北部の地域で、そこには川内《せんだい》川が貫流している。このように両地域は懸隔して存在しているが、そこには、七世紀から八世紀への歴史的展開の中で、薩摩国の中心部が移動した事情があった。

そこで、薩摩国の成立事情を探ってみたい。薩摩国は、日向国から分立したとの説がある。というのは、薩摩国の成立前に「筑紫七国」という表記が『続《しょく》日本紀』の大宝二年（七〇二）四月に出てくる。「筑紫」は九州のことであるが、九州にはこの時期までに七国しかなかったのである。その七国とは筑前・筑後・豊前《ぶぜん》・豊後・肥前・肥後・日向であった。いまだ薩摩・大隅の二国は誕生していなかったのである。誕生以前は、日向国に含まれていたとみられている。

その日向国から、まず薩摩国が分立するのであるが、朝廷では薩摩のどこに国府を設置するかが問題となった。薩摩には薩摩君《きみ》を名乗る大豪族が盤踞していた。この薩摩君は川内川の中流域から下流域を領有し、勢力を振るっていた。

そこで朝廷では、その領有域を分断し、川内川の北側に国府を置き、一帯を高城《たかき》郡とした。いっぽう、川の南側を薩摩郡とし、薩摩君をその郡司とした。ところが、高城郡の郡司にも薩摩君が名をとどめている。これは朝廷の薩摩君への懐柔策であろう、と筆者は見ている。

ところで、薩摩国府が置かれた高城郡の郷名を見ると、全六郷のうち四郷は肥後国の郡名と一致している。ということは、肥後国の四郡からそれぞれ一郷分の人口を薩摩国の国府一帯に移住させ、国府の守護と住民の教化に当らせたことが推測できる。

移住した肥後国の四郡の位置を見ると、いずれも薩摩国に隣接する位置ではなく、肥後国内では中央部あるいは北寄りである。このような状況から判断すると、薩摩国

長島小浜崎の古墳
（盛土が風雨で崩壊し、横穴石室が露出）

への移住民は、みずからの意思による移住ではなく、おそらくは大宰府によって強制的に集団移住させられたことが想定できよう。

じつは、薩摩国最北部の出水郡の地域には、早くから肥後の勢力が進出した形跡が見られる。それは、肥後国と類似の高塚古墳などが出水郡には分布していることや、出水郡の郡司には肥後系の豪族である肥君《ひのきみ》・五百木《いほき》部《べ》・大伴部などの氏《うじ》の名が見られることから想定できるからである。

そのような視点から見ると、郡名の「出水《いずみ》郡」の名称自体が薩摩国にあってはやや異色である。また、先述の国府設置の「高城郡」とともに非隼人郡として他の薩摩国内の「隼人十一郡」とは区別されていたことも確認できる。さらには養老四年の隼人の大抗戦の際には、朝廷軍の兵站《へいたん》基地であったようで、出水郡には兵糧米の「糒《ほしいひ》」が相当量貯蔵されていたことが、「薩摩国正税帳」の記述で判る。

出水郡のこのような性格を考えると、薩摩国府が肥後の勢力を背景にして、隣接した新設の高城郡に置かれたことは、朝廷側の相応の配慮にもとづくとみられる。

薩摩国府に定住僧

薩摩に仏教が伝えられたのは、『日本書紀』によると、持統六年（六九二）のことであった。そこにはつぎのような記事がある。

筑紫大宰の率《そつ》（帥《そつ》は長官）河内王に詔して曰《いは》く、宜しく沙門《しゃもん》（僧侶）を大隅と阿多に遣はして仏教を伝ふべし。

この記事によると、大宰府に命じて大隅・阿多に仏教が伝えられている。百済《くだら》から朝廷に仏教が伝えられたのは五三八年であったから、一五〇年余り経過していた。当時の阿多の中心地は万之瀬川《まのせ》下流域、大隅の中心地は肝属川《きもつき》中流域にそれぞれ立地していたと推定されるが、仏教的痕跡はいまだ見つかっていない。

それでも、両地域とも国制施行以前の未開の状態のことであり、朝廷では住民を仏教によって教化しようとしていたことが知られる。この政策はその後も持続されたようで、「薩摩国正税帳」によると、八世紀前半の天平期には薩摩国府に十一人の僧が定住して、読経などの仏教行事を勤めていたことが記されている。

正税帳は天平八年（七三六）度のものであるから、国分寺創建の詔以前である。その年次を念頭において、その記述を読んでもらいたい。つぎのような記事である。


依例正月十四日、讀八巻金光明經幷十巻金光明最勝王經佛聖僧及讀僧一十一軀、合一十三軀（以下略）

當國僧合一十一軀（中略）供養料稲壹仟伍伯捌拾壹束貳把（以下略）

原漢文体のまま引用したので読みづらい箇所があると思うので、簡略に意訳するとつぎのようである。

例に依って正月十四日に、二つの経典を十一人の僧たちが読んだ。つぎに当国僧十一人が年間勤めたので供養料（お布施）として一五八一束《そく》二把《わ》の稲を支出した、というのである。

なお、二つの最勝王経は護国経で、鎮護国家を祈願する主要な経典である。また、稲一束は現在の二升（約三キロ）に当たる米である。さらに、原文を抽出したのは「依例正月十四日」や「当国僧」と記されていることが注目されるからである。すなわち、この読経の行事は天平八年以前から行なわれいたことと、十一人の僧が国府に常住していたことが判ることである。

ちなみに、国分寺について簡潔に記しておきたい。国分寺は天平十三年（七四一）に聖武天皇が発した詔によって国ごとに建てられることになった。国分寺には僧二〇人が住むことになっていたが、各国の経済状況によってその建立時期はまちまちで、薩摩国分寺が史料に見えるのは九世紀初頭である。したがって、おそらく八世紀末ごろにようやく建立されたのでないかと思われる。

しかも、その管理・維持費は肥後国が支出している状況であったから、その建設も肥後国の援助によったのであろう、と筆者は推測している。したがって、僧二〇人が充足していたかどうかについても疑問がある。このような実態から想像すると、正税帳記載の十一人の僧も、肥後国を主に派遣されていた可能性を否定できないようである。

ところで、隼人の教化のための仏教、あるいは鎮護国家を願っての仏教の弘布をすすめる政策をとっても、はたしてその成果は、となると首をかしげてしまう。都では、諸国の国分寺の総本山的性格をもつ東大寺の本尊大仏造立が遅滞し、地方では国分寺建立に人びとは昏迷していた。

とりわけ、隼人の地域では国府周辺で仏教行事が催されても、それはせいぜい豪族の郡司層が接触するだけであった。一般民衆の隼人は六年相替の朝貢や諸税に苦しみ、毎日の食の確保に右往左往していたのである。したがって、隼人はいまだ仏教に精神的救済を求める状況とは、かけ離れていた。

酒は必需品か

「薩摩国正税帳」を見ていると、しばしば酒の記録が出てくる。まず、酒は収入（在庫）の欄にかなりの量が貯蔵されていた。いっぽう支出の欄には春秋の釈奠《せきてん》（孔子の祭り）や元日朝賀の集会などの後、宴会の席などで提供されている。また、特殊な例としては疾病人に、薬として配布されてもいる。「酒は百薬の長」といわれるが、まさにその通りであったようである。

これらの酒は、鹿児島県民が現在常用している芋焼酎ではない。正税帳には「醸酒料」として稲二百三十八束を用いて「酒十七石」を得たことが記されている。どのような酒が出きるのか興味があるが、筆者はその機会を逸している。県内には焼酎を作る工場ばかりで、いわゆる清酒を造っている所に出会ってないのも一因である。

隼人の地で、いつごろから酒を造り始めたのかは明らかでないが、『大隅国風土記』

の逸文として伝存している「くちかみの酒」の一文を参考までに訓読みして意訳摘記すると、つぎのようである。

大隅の国では、一軒の家で水と米を備えて、村中に告げてあるくと、男女が一所に集合して、米を噛《か》んで酒槽《さかぶね》に吐《は》き入れて、散り散りに帰ってしまう。酒の香が出てくるころまた集まって、噛んで吐き入れた人たちがこれを飲む。名づけてくちかみの酒という、と。云云。風土記に見えている。

この「くちかみの酒」の造り方は原始的な簡易なものであり、正税帳記載の製法とは異なるとみられる。神話・説話には、ヤマタノオロチやクマソの首領に酒を飲ませて酔わせる話があり、酒は古くから人びとに飲まれたようである。

火山噴火の記録

隼人の居住地周辺には火山が多数分布し、地質学を中心にした諸科学によって、その歴史はかなり解明され、かつ詳細になっている。

それらの中で、記録され、具体的にその被害状況を記した初例は、天平宝字八年（七六四）十二月の『続日本紀』の記事であろう。

その記事によると、大隅・薩摩両国の堺で噴火が起り、七日間噴煙で真暗になり、雷電が去来したという。その結果、六二区の民家が埋没し、死者八十余人が出た、とある。この噴火はおそらく桜島であろう。また、海上に「神造」三島が出現

桜島の噴火

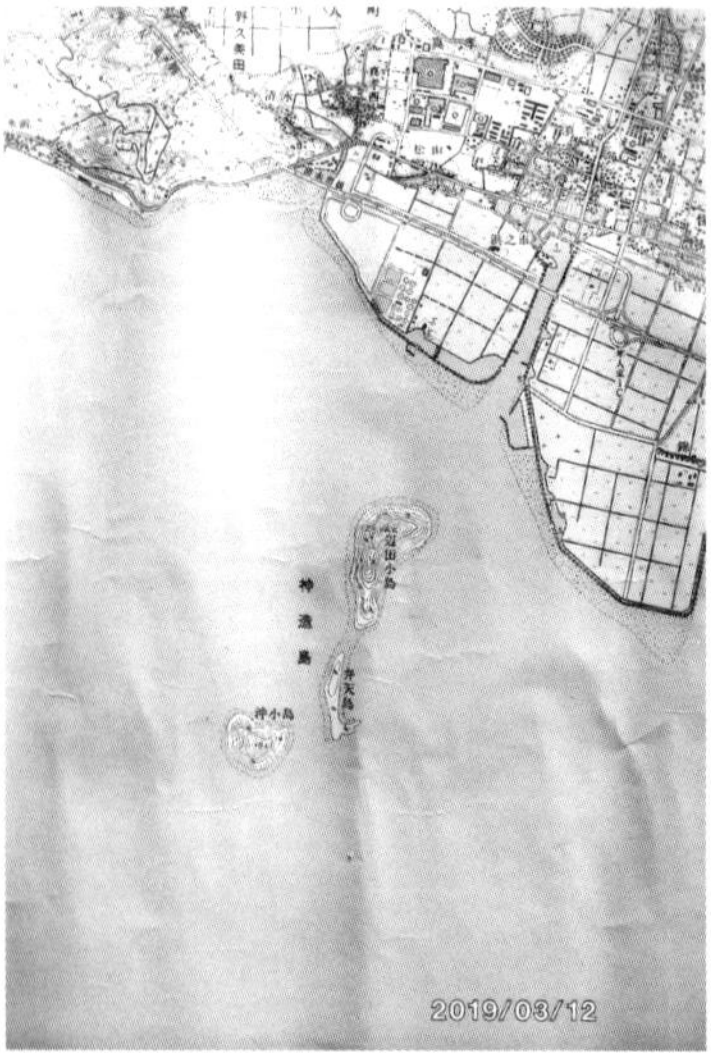

鹿児島湾奥部の「神造島」
（国土地理院発行の地図より）

したともいう。この三島は地質学者によると、すでに海没していて可視的状態ではないとされている。

　ところが、国交省国土地理院発行の地形図には、鹿児島湾奥部に現存している別の三島に「神造島」の名がつけられ、あたかも奈良時代の噴火によって造成されたかのごとき表記がある。

　八世紀には霧島山系の噴火がつぎに記されている。『続日本紀』によると、延暦七年（七八八）三月四日戊《いぬ》の時（午後八時）のこととして、

大隅国贈於《そお》郡曽乃峯《そのみね》上に当たるところで、火炎が大いに熾《さかん》で、響くこと雷動のようであった。二時間後の亥《い》の時になって火光はやや止み、黒烟《えん》だけになった。然るのち砂が雨のように降り、峯下の五・六里は砂石が二尺（約六十センチ）ば

かり積もった。その色は黒かった。

この噴火の人的被害については記述がない。地質学者によると、この噴火は高千穂峯の噴火とされている。このほか、九世紀になると開聞《かいもん》岳などの噴火の記録がある。

さらには、史書に記されない早い時期の噴火が、いくつか明らかにされている。それらのなかで代表的な噴火は鹿児島湾奥のアイラ（姶良）カルデラで、約二万九〇〇〇年前の噴火で、火砕《かさい》流によって県内広域にシラス台地を形成している。

十章　近代化への道程

明治前期の県政と県会

明治になって、鹿児島県で「県会」（のちの県議会）が初めて開かれたのは、明治十三年（一八八〇）五月のことであった。西南戦争後で、ようやく県民に安堵《あんど》感が出始めた頃である。

その県会のようすについて、『熊本新聞』がつぎのように報じている。じつは、鹿児島県下ではいまだ新聞は発刊されていなかったので、隣県の新聞記事を引用するのであるが、その日付を見ると十か月後で、かなり遅れており、翌十四年三月六日付である。その内容は、以下のようである。

鹿児島県下の近況を聞くに、渡辺県令は大に民望に適し、上村大書記官は同県人の事なれば猶更の事にて、誰一人不平を鳴らすもの無きも、県会議員等に至りては有智無智混淆して、同議員中意見の異なる天壌月鼈の差あるゆへ、当年よりは県庁より議案を下げらるると、質問会（乃《すなわち》講習会ともいふべきか）を長く開き、能く某議案を了解せしめたる末会議に掛る様にいたし、是までの様に二、三の議者が発論せば、良否を問はず賛成々々とのみいひ来りし不体裁のなき様にいたさんと、其筋の人々が語り居らるる由。

この記事によると、当初の鹿児島県会の議員は、「有智無智混淆《こんこう》」とか、「意見の異なる天壌月鼈《てんじょうげつべつ》（天と地、月とすっぽん）の差ある」とか。「良否を問はず賛成々々とのみいひ」などなど、なかなかに辛辣《しんらつ》な批評である。

そのように批判されても、止むを得ないところがあったと思われる。それまで上意下達に慣らされた県民が、ここにいたって突然に議会を開いて議論する場を与えられたのであるから、とまどうばかりであった。議会がどのような役割を果たすのか、議員自身が自覚していなかったようである。

初期の県会議事堂

その議員がどのようにして選ばれたのか、その過程について少し調べてみた。すると、被選挙権者は満二十五歳以上の男子で地租十円以上の納付者、選挙権者は満二十歳以上の男子で地租五円以上の納付者であった。このように地租納入額によって両者の資格が制限されたため、地域の地主層だけに県政への参加が許され、大部分の一般住民は排除された。

とはいえ、議員の権限も大きなものではなく、主要任務は地方税の支弁（支出）経費の予算とその徴収方法の議定であり、それも地方官（県令）の認可を得なければ発効しなかった。いっぽう、地方官と内務卿の監督権は強大で、議案の発案権、会議中止権、閉会権、解散権をもっていた。

このように権限の小さな議員ではあったが、鹿児島県で選挙が行われるのは、歴史的に画期的であり、明治十三年二月に実施された。定員は四十人であった。この最初の選挙で被選挙人は、本人の意思に関係なく議員に選ばれたようで、辞退者が出ている。

たとえば、肝属郡高山《こうやま》村の宇都宮東太は、何とか断れないものかと思案したあげく、医師の診断書を添えて願い出て、辞退している。また、中途退任者も続出し、補欠選挙がしばしば行われた（芳即正氏のご教示）

また、士族が議員の大半を占め、常に九割余が士族であり、他の府県では見られない現象であった。その士族はほとんどが旧郷士であり、明治維新は四民平等を実現したというのは一面的で、鹿児島県は明治以後も士族王国が継続していた。

このような現象は、中学進学者の族籍を見ても、明治三十年代までは尋常中学校（のちの一中）・川内中・加治木中などで、ほぼ士族が八十パーセントを占めており、平民の子弟は商業学校などが主であった。

県会の発案は大久保

府県会が開催されるようになった経緯について、その経過を少し追ってみたい。欧米視察・諸国歴訪から帰国した大久保利通らが、征韓論を主張する西郷隆盛らに対し、内治優先を説いて、その延期を訴えたことはよく知られている。

大久保利通（キヨソネ画）

その結果は、西郷は参議・近衛都督を辞し鹿児島に帰った。西郷に同調して征韓論を主張していた板垣退助・江藤新平・後藤象二郎・副島種臣《そえじまたねおみ》らも続いて参議を辞した。明治六年（一八七三）十月下旬の二日間のできごとである。かれらのなかから、のちの士族の反乱、自由民権運動が起こり、反政府動向の要因を生ぜしめた。

諸参議が辞職した翌月、明治六年十一月に内務省が誕生した。内務省は、地方行政・民生一般・警察行政から殖産興業政策まで多岐にわたって管轄する最大官庁で、その長官である内務卿《きょう》には大久保利通が就任した。ここにいたって大久保は、右大臣の岩倉具視とともに政権のトップに立ち、岩倉・大久保政権が成立した。

岩倉・大久保政権を樹立した大久保であったが、諸参議の辞任で政府が弱体化したことは痛手であった。加えて、翌七年四月には木戸孝允《たかよし》が台湾出兵に反対し、参議兼文部卿を辞任し下野した。

政府の強化がのぞまれるなか、伊藤博文・井上馨《かおる》らが周旋して明治八年一月から二月にかけて大久保・木戸・板垣三者による政治改革の協議が行なわれ（大阪会議）、地方官会議を開催するなどで意見の一致がはかられ、木戸・板垣は参議に復帰した。

この三者の会談によって、三新法が成立した。三新法は明治十一年（一八七八）七月に公布された、郡区町村編制法・府県会規則・地方税規則の三法律の総称で、地方政治への住民参加を制限付きで許容する内容である。

この三新法の公布は、それまで中央集権国家体制樹立をめざして強圧的官僚統治方式をとってきた維新政府が、地域住民の要望を吸収する妥協案を講ぜざるを得なくなったことを示している。その背景には、まず明治初年以来の農民騒擾《そうじょう》（一揆）の多発があった。その根底には新政に対する不満、とりわけ地租改正反対がその核をなしており、つぎには自由民権運動と地方民権結社の公選民会開設要求があった。

この三新法の公布によって、府県会が開かれることになったのであったが、鹿児島県の県会は、西南戦争の戦後処理などで他の府県より遅れて、先述の県会開催となった。その時には、三新法成立の中心となった大久保利通は、すでに明治十一年五月に東京紀尾井町で石川県士族らに暗殺されており、大久保の遺産となっていた。

地方官会議と大山県令

ところで、府県会開催を前に、地方官会議が開かれていた。地方官とは府知事・県令（のちの県知事）を主とし、知事・県令の出会に支障あるときはその代理によって構成されるもので、第一回は明治八年六月に東京で、参議木戸孝允を議長として開催された。この地方官会議の開会・閉会には天皇が臨御するという仰々しいものであった。

このようすからして、のちの帝国議会にも比すべく高く位置づけるもので、参集者六十二人で、鹿児島からは県令大山綱良《つなよし》が参席していた。ところが、大山県令の建言が批判の的となっていた。

というのは。青森県参事の塩谷良翰はその「回顧録」のなかで、つぎのように記している。

鹿児島県令大山綱良の如きは、発会の三日目と覚えし。建言ありと揚言し、屹然《きつぜん》起立、懐中より書面を出し、高く読み揚げたるを聞くに、其要旨は、各府県各状況を異にし風土人情各一様ならず、如何様に決議するも、詰り一様に実行すること不能《あたわず》。唯善き知事其人を選択し、夫れに一任せらるべく、議場の評議は遂に無益なり。又民会を開くべしとの事なれ共、詰りは空論に帰し、却って騒々敷《そうぞうしく》、治国に益無し。仍て民会を開くことは早きを以て、当分見合可申《もうすべし》、との事なりしが、議長は甚だ苦顔を呈し、建言の採否は追て答ふべしとの事にて、別に会議に付することもなくして止みたりしが、中には此建言を卓見なりと称するものもありし。

この大山綱良の建言の要旨は、地方官会議も民会（府県会）も必要なし。前者で決議するものは。一様に実行できないものであり、後者は空論ばかりで、治国に益なし。各府県のことは知事や県会に一任することである。

大山綱良は建言で、会議嫌いを露《あらわ》にしているが、さらにその後の会議においても不遜な振舞いで通していた。その一端を、さきの塩谷『回顧録』から引用すると、つぎのようである。

其後建言せし議員（大山綱良）は、兎角《とかく》居眠のみ多く、時には鼾《いびき》の声も聞ゆる事あり、或時隣席に注意せられ、決議の際に目を覚まし、遽《にわか》に両手を挙げたり。議長は激しく其の番号を呼び「両手にてはどちらか分りません」と言ひしに、「どちらでも宜しいのであります」と答へ、一同くつくつ笑ひたるも、此人平気で笑ひしのみ。

このように、その後も大山綱良の尊大・傲慢ぶりが目につくようであった。

大山綱良にすれば、西郷隆盛も大久保利通も後輩であり、かつては精忠組で鍛え育てたつもりであった。そのような後輩の一人が、中央政府の中枢にあって企画し、開催した地方官会議などに、なぜ自分が出席し、真剣に議論しなければならないのか。忿《ふん》懣《まん》やる方ないものがあったとみられる。

さらには、西郷隆盛の下野、帰鹿を宥《なだ》めて中央政府に残す努力をしなかったのか。この件についても大久保の施策には不満があり、加えて本来の議論・会議嫌いが高じたのであろう。

議を嫌う風土

薩摩藩士は明治維新以後、大きく二分した様相を呈していた。かつて江戸時代に城下士と郷士に二分されていたが、その縮図が明治以後にも見られるようである。

というのは、旧城下士は禄を処分されると、収入源を求めて上京する傾向が見られた。いっぽう郷士は、もともと在地性が強かったことから、そのまま在地での生活を続け、明治以後も士族として勢力を温存させ、さらに勢力を拡大する例もしばしば見られる。

大山綱良は旧城下士で一三〇石余の禄高で、城下士の平均持高八十石弱からすると中堅城下士であったが、廃藩置県後も新しい県政の主要メンバーとして在地で活躍した一人である。

その大山が旧城下士としての気質を受け継ぎ、中央政府から下野して帰鹿した西郷などの旧城下士らを迎え入れ、西南戦争に際して県費十五万円を支出し、支援した背景には、新政府で活躍する旧城下士への反発的動きであろう。それは地方官会議における大山の態度にも表れているようである。

その大山の会議に対する態度には、旧藩士に共通する心的底流がある。それは「議をいうな」という言葉で、いまでも時に発せられている。端的に云うなら「文句を言うな」とか、「へ理屈をいうな」に近い語意であり、議論を好まない薩摩人士の気質をよく表している。

一説によると、ギは「議」ではなく、「異議」の語頭のイ音が弱いために音が消えたものともいう。いずれにしても、その語意に大差はないようである。上意下達に慣らされ、「何事も左様でござる、ごもっとも」として、従うことを美徳とする風潮がもたらしたものである。

といっても、「議をいうな」がいつでも悪いわけではない。民主主義を標榜する現代社会でも、時にこの言葉を吐きたくなることがある。筆者は、大学に籍を置いて長く務めたことから、会議で理屈をこねる人物に閉口する経験が何回かあった。司会をしながら、いつになったら結論が出るのか辟易《へきえき》したのであったが、長時間費しながらの結論は、しばしば会議の冒頭で出ていたものに戻っただけであった。

それでも、会議の席では「議をいうな」的言葉は禁句であり、一度も発したことはなかった。やはり、現代社会の会議では、この言葉は認められないのである。ある先輩曰く「自治とは、無駄多し」と。

薩摩人気質への批判

盈進小学校（現・校門）

明治前半期までの薩摩人の気質を語るに欠かせないのは、新潟県の旧長岡藩出身で東京で学業を終え、明治二二年（一八八九）に鹿児島県南伊佐郡宮之城村の盈進《えいしん》小学校教員（翌年校長に昇進）として赴任した、本富《ほんぶ》安四郎が著した『薩摩見聞記』の記述であろう。

盈進小学校は北薩随一の名門校であり、安政五年（一八五八）に宮之城領主島津久治が文武館を創建し、文館を盈進館、武館を厳翼《げんよく》館と命名し、子弟の教育に資したことに始まる。

明治四年に盈進館が第十八郷校となり、同

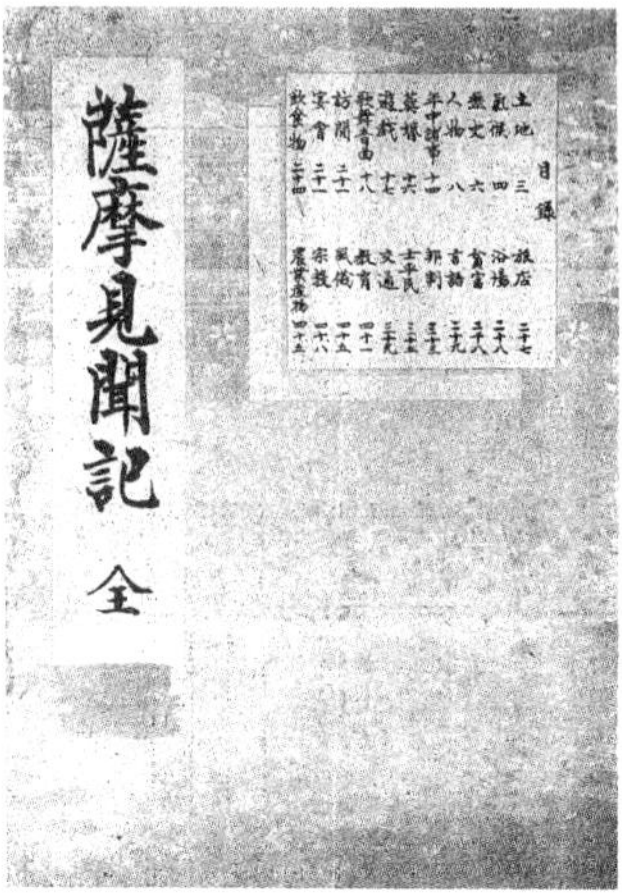

本富安四郎著書

十二年に盈進小学校と改名している。本富はこの小学校に約二年半在勤した。児童数四五〇人、教員十三〜四人、校長の月俸約三十円。その間に、県内各地を視察し、鋭い洞察力で県内各方面の状況を記している。その一部を抄記すると、つぎのようである。

薩摩人の質朴にして勇猛なることは、其国人の特性として夙《つと》に世間に知られたる所なり。嘗《かつ》て薩摩の一先輩が「薩摩芋の腐れたるは如何ともし難し」と罵《ののし》りたるが如く、他境に出でて悪るずれしたるもの、および遊蕩堕落したる者にいたりては実に意外の行動を為し、人をして是れ猶ほ薩人なるかと疑はしむるものあれども、土着の人は概して質朴正直なり。言語動作差して取り飾り上手等なく、軽躁浮薄、譎詐《けっさ》変幻、巧に人を欺き、人を陥る等の事は甚だ稀なり。随て人気頗る穏かにして、訴訟等の事は至りて少なく、罪人とても大抵窃盗に過ぎず、而して其盗難数も、統計上大略、全国各県の最少位にあり。城外城下外に於ては、数百名の生徒を有する広大なる学校等にしても、当直、番人も置かざるに、時計、諸器械、金銭等ありても更に紛失することなし。通常人家にても戸締り等更に構はず、雨戸ある所も烈しき風雨の時の外之を閉ぢず、誠に太平の地なり。去れば、薩地にては不案内の処に入り、旅店等に泊りても、決して、盗難、詐偽、胡摩蝿《ごまのはえ》に逢はんか抔《など》の恐れなし。

西南戦争の影響多大

本富は、さらに学校現場で当面する教育の実状について、つぎのようにも述べている。

凡そ女子修学の割合は其地学事の進否を測り得べき標準にして、百人の中僅に八九の女児が文明の教育に与《あず》かるが如きは其不振明かなり。実に鹿児島城下に於ては学校生徒は男子二人に女子一人の割合に迄進歩したれども、城下外に至りては男三女一を最高として時には全校一人の女子を見ざることあり。或は男子の十分一、二十分一に至る者あり。

去れどもこれまた已むを得ざるの結果なり。他県に於ては其文化は既に二十六年を経過し其間に漸次に収めたる効果なれども、薩摩の文化は僅かに十六年の成長に過ず、実に薩摩の維新は明治十年の戦争なりき。此時迄は薩摩は依然封建の天地武を以て立つの国なりき。大山県令の声望は大久保に亜《つ》ぎ屈強自ら持して政府の命に従はず、而して南洲大将を以て故山に帰臥し桐野、篠原、村田の諸将之に従ひ数万の健児之を擁し腕を扼し肩を聳かして東天を睨《げい》す。且つ島津公また巌然其傍に在るあり。政府遂に之を如何ともするなし。此時に於ける薩摩は全く治外法権の国にして政府の所謂内治政策は其境内に入ること能はざりき。城山一敗始めて関門を開て世間を眺め顧て深く世の進歩に後れ居たるを発見したり。爾来鋭意学事を勧め師範学校を設けられ、三州義塾起り造士館高等中学となり、英学校女学校相続き起り、殊に小学校をば到る処の村落に設けて、年少の児女を教育し、或は競争試験を為し或は教育展覧会を開き或は教育会を設け或は教員講習会を開き、種々の方法を以て学事を奨励し、師範学校の如きは最も熱心に学事の進長を謀り、其付属小学を始めとし各村小学校の如きも皆改良進歩に力《つと》めり。今各小学校の積立金は全国第三の高度に位し敷地坪数及び附属地坪数は全国第二に位せり。此豊かなる糧食の在るあり、奮《こぞり》て学事の上に亦《また》一戦せざるべけんや。

盈進小の校庭古樹

本富は、赴任時の県下の教育の現状について述べ、西南戦争によって薩摩の維新が遅れたことを、県外人の史眼をもって、鋭く指摘している。そのいっぽうで、薩摩人が「奮て学事の上に亦一戦せざるべけんや」と、その回復力に期待している。

現に西南戦争末期には県庁自体がその機能を失い、桜島赤水村の仮出張所や加治木の仮県庁を転々としていた。県令も大山綱良は逮捕、処刑され、新来の岩村通俊《みちとし》県令は加治木の避難先

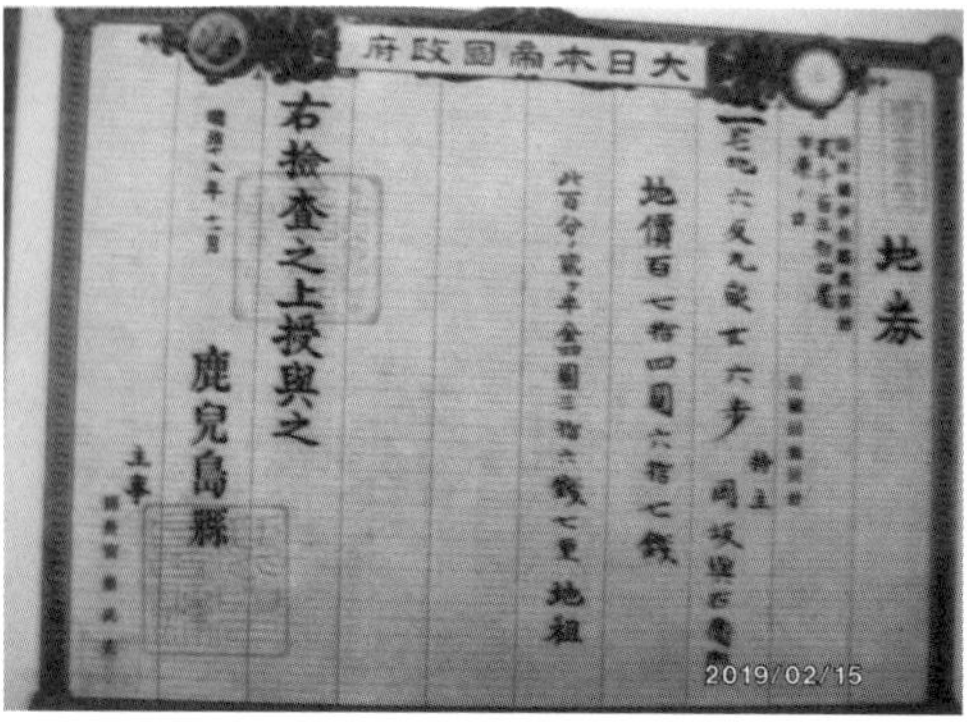

地券（県政資料・旧県庁展示）

に赴任する有様であった。

したがって、他の府県が維新事業を進めて新しい体制を整えつつあっても、薩摩の新体制への遅れは、本富の眼には明らかであったようである。

それは、民衆の大半を占める農民に対する地租改正事業も同様で、明治十年代の半ば以後に着手実施され、年貢に代わる新しい税負担者に交付される「地券」の発行が、ようやく進められていた。

十一章　福昌寺と大乗院

玉龍山　福昌寺

福昌寺は山号を玉龍山といったので、多くの人はその山号から玉龍高校はその寺跡ゆかりの学校と推測されるであろう。

鹿児島は廃仏毀釈が徹底したことで知られているが、それらの寺跡は学校や神社になった所が多い。大龍小学校（大龍寺）・中郡《なかごおり》小学校（延命院）・清水中学校（大乗院）・照国神社（南泉院）・竹田神社（日新《じっしん》寺）・徳重神社（妙円寺）などがその一部である。

なかでも福昌寺は、島津氏の菩提寺であったから、寺禄も一三〇〇石を超える藩内最大規模の寺院であった。

薩摩藩の地誌『三国名勝図会《ずえ》』（一八四三年刊）には福昌寺についての記事が長々と載せられている。それらを要約して福昌寺について簡潔に述べた記事が、『鹿児島市寺院跡』（鹿児島市教育委員会刊）にあるので、それを引用させていただいた。

玉龍山　福昌寺は曹洞《そうとう》宗大本山総持《そうじ》寺の末寺、島津氏の菩提寺で藩内最大の一三六一石を誇る巨刹であった。応永元年（一三九四）伊集院忠国の十一男、石屋真梁《せきおくしんりょう》禅師の開山、島津七代元久の創建である。末寺は薩摩藩はもちろん九州・四国・中国地方、遠く北陸まで及びその数二〇〇〇ヶ寺とも三〇〇〇ヶ寺ともいう。山口市の国宝五重塔がある瑠璃光寺《るりこうじ》や、大分県耶馬渓《やばけい》にあり、岩壁にそそり立つ様が美しい羅漢寺《らかんじ》も福昌寺の末寺であった。福昌寺の僧侶も多い時は一五〇〇人を数えたという。歴代住職はほとんどが本山総持寺の住職も勤める寺であった。

天文一八年（一五四九）十五世忍室《にんしつ》文勝の時、キリスト教を日本に初めて伝えたザビエルは度々福昌寺を訪れている。天正二年（一五七四）十八世代賢《だいけん》守仲は福昌寺に事件を起し逃げ込んだ賊の引渡しを「寺院は不侵不犯の聖地」として拒んだが、家老等が強引に連れ出したため代賢和尚は怒り福昌寺を出てしまった。島津十六代義久はわざわざ谷山まで行き、詫びを入れて代賢和尚を帰寺させている。当時いかに福昌寺住職の権威が高かったかを物語る事件である。

島津氏菩提寺福昌寺も明治二年の廃仏毀釈の嵐に勝てず、現在寺跡は玉龍山の山号から取った玉龍高校となっている。福昌寺跡には多く島津氏歴代の墓があり鹿児島県の史跡に指定され、墓塔正面には戒名、側面に神道による神号が追刻されている。廃寺後の明治二年長崎浦上のキリシタンが寺跡に預けられ、内五三人が亡くなり裏山に埋葬されている。福昌寺跡に日本の宗教史を見ることができる。島津六代から二十八代までの墓と住職墓・キリシタン墓等が残る。

〈福昌寺本末関係〉　総持寺（石川県）ー総持寺山内妙高庵ー福昌寺ー末寺全国に多数

この記事には、いくらか誇張的な部分があって、すべてが真実とは思えない。たとえば、末寺が九州から北陸まであり、その数が二〇〇〇か寺とも三〇〇〇か寺とも記している。また、僧侶が多い時は一五〇〇人を数えたともある。

末寺が九州を中心に存在したことは事実としても、北陸まで分布したとは認めがたい。というのは、北陸には曹洞宗の本山が二寺も存在しており（後述）、その本山の末寺まで数えているように思われるからである。また、僧侶数は、福昌寺で累代修行した僧侶の総数ともみられるからである。

したがって、これらは別にして筆者が関心をもった記事を摘出して、述べてみたい。その一つは、キリスト教を日本に初めて伝えたザビエルが福昌寺を訪れたことである。

ザビエルが福昌寺を訪れたのは、当時の港が稲荷川の河口にあり、ザビエルがその港から鹿児島に上陸し、その河口から稲荷川を遡上した所に、薩摩最大の寺院が存在し、また福昌寺が太守島津氏歴代の墓地の所在地と聞いたことによると、しばしば説明されている。

しかし、当時の宣教師の使命はキリスト教の伝道ばかりではなかったように筆者には思われ、おそらく貿易の拠点づくりや、その下交渉の役割も担っていたと推測している。ザビエルが鹿児島に十か月余り滞在し、多くの信者を得たのも事実であろうが、島津の太守貴久《たかひさ》らとの貿易交渉にも努めたのではなかろうか。ザビエルはスペイン出身であるが、アジアに布教するのを後援したのは、ポルトガル王であった。当時の両国はアジア進出を計画していた。

総持寺（横浜市）

つぎに、福昌寺は大寺院であるが、曹洞宗のなかでは末寺の一か寺に過ぎなかった。本山は総持寺《そうじじ》であった。

総持寺といえば、首都圏ではよく知られた大寺である。横浜市鶴見区にあるこの大寺はその境内が広く、筆者も訪れたが全体を拝観する時間がなくなり、全域はいまだ未確認である。聞くところによると、伽藍は五〇棟以上あるという。本堂（大祖堂）は日

総持寺入口（能登）

総持寺山門（能登）

本最大を誇っている。

しかし、江戸時代の福昌寺の本山であった総持寺は石川県の能登半島にあり、横浜に移ったのは明治三九年（一九〇六）であった。江戸時代までの総持寺は明治三一年の大火で焼失したのである。それまでの総持寺は福井に現存している永平《えいへい》寺とともに二大本山の一か寺として認められていた。

その総持寺が辺境に立地していたため、焼失後は横浜に移ったのであった。それでも能登の総持寺の復興を願う信徒たちに支えられて旧地で徐々に再建され、いまでは復旧された伽藍が本来の姿を見せている。ただ、筆者が拝観に訪れたとき（二〇一九年六月）は、修築の時期にあったようで、主要伽藍の大半が工事用の幕で覆われ立入り禁止の状態であり、全容を一望することができず、心残りであった。なお、現在の名称は「曹洞宗大本山總持寺祖院」である。

能登半島のかつての本山の所在地は、いまでは合併によって輪島市に編入されているが、交通不便の場所に立地していることは以前と変わりなく、筆者は三度目の能登旅行でようやく拝観が実現し、長年の念願を果たした。

ところで、現在の本山の所在地である横浜市鶴見区には鹿児島ゆかりの史跡がある。総持寺から南へ約二キロにある幕末の生麦《なまむぎ》事件の現場である。いうまでもなく、薩英戦争の原因となった事件で、いまでは石碑と参考館が建てられているが、島津久光の行列を横切ろうとしたイギリス人一行の殺傷事件の場所である。

総持寺にしろ、生麦にしろ、島津氏がからんだ史跡である。

鹿児島に高野山が

鹿児島に高野山が存在することを、多くの人は知らないようである。和歌山県の高野本山を参詣した人、あるいは四国の八十八か所の霊場を巡拝した人からも知らなかった、という声を聞く。それほどに地味な寺院である。

高野山（鹿児島・長田町）

まず、存在場所を明らかにしておきたい。旧県庁と長田中学校の間の道を真直ぐ西へ、岩崎谷の方向に進み、国道十号線を横切り、国立病院（旧私学校跡）の石垣沿いに行くと、右手にも石垣の一角がある。そこが鹿児島の高野山で、いつ行っても静寂な境内である。

高野山は真言宗であるが、真言宗系の寺院（宗教法人）は県下に十九箇所ほどあると教えられている（黎明館の栗林文夫さんの資料)。しかし、真言宗ではあっても、それぞれに派があり、高野山系は市内に数か所のようである(以下は、鹿児島高野山の若い僧侶の話)。

鹿児島の高野山は正式名所を「高野山最大乗院」といい、一応は廃仏毀釈で消滅した大乗院の名称を継ぎ、明治十八年(一八八五)に現在地に建立されたというが、旧大乗院の再建という意図は不明確であるという。しかし、筆者は「大乗院」の名称を名告《なの》るからには、明治の建立時には旧大乗院の復活という意識があったと思っている。

というのは、廃仏毀釈以前の江戸時代の大乗院は福昌寺につぐ藩内二位の大寺であり、その名称をつぐことで、人びとに信仰的安堵《あんど》感を与えたからである。

藩内二位の大乗院

江戸時代の大乗院は、いまの清水中学校の校地にあったが、支院がその周囲に数多く建ち、稲荷川をはさんで境内は広がっていた。寺禄は福昌寺についで八七五石であった。また、境内地の北側の背後の山はかつての清水城であり、約一五〇年にわたり、島津氏の拠点となっていた。

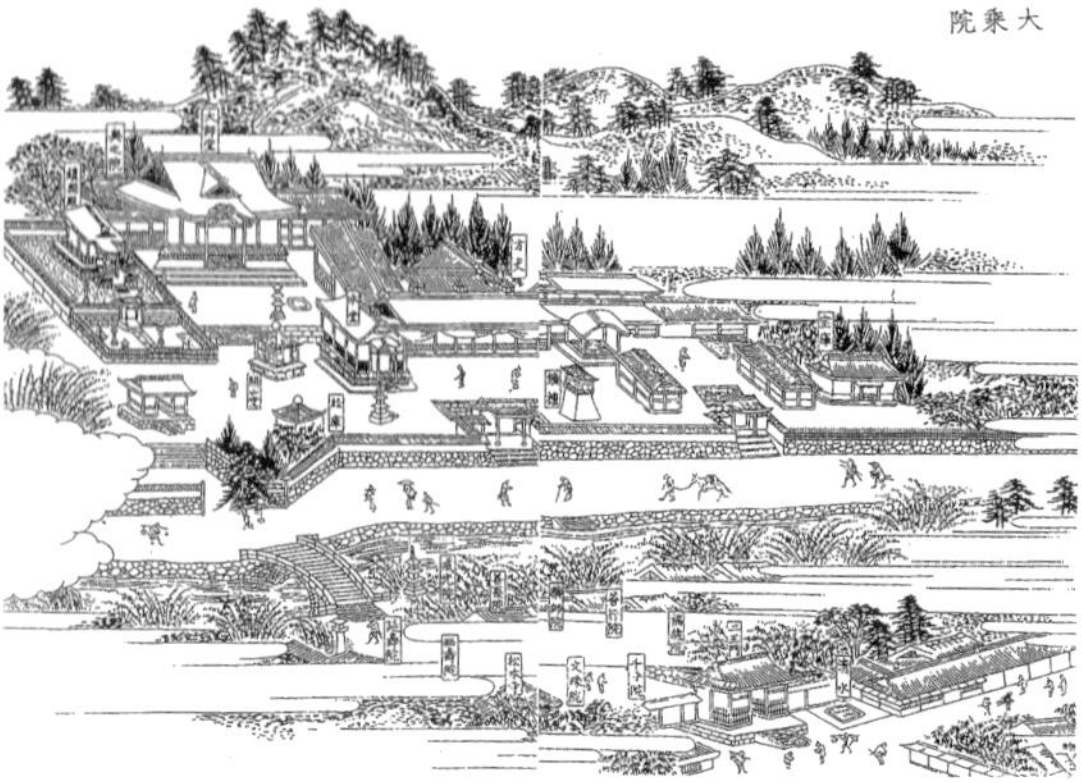

大乗院（『三国名勝図会』）

いっぽう、旧大乗院の真言宗は醍醐寺派であったから、高野山派とは別派であることから、先述の若僧侶は大乗院とのかかわりについては明言しなかったのではないか、とも推定されよう。

江戸時代の大乗院については、『三国名勝図会』に絵入りで、その来歴などについて説かれている。そのなかから、一部を摘出して述べてみたい。

大乗院は正式名称を経《きょう》囲《い》山宝《ほう》成《じょう》就《じゅ》寺大乗院という。当初は、応永二五年（一四一八）

に伊集院に建立され荘厳《しょうごん》寺と号していたが、本府（城下）より遠地にあったため、法事などが意のままにならぬため、天文年中（一六世紀中頃）に城下の松峯《しょうほう》山南麓（浄光明寺の近く）に移し、さらに弘治二年（一五五六）に現在地（清水城旧地）に移し、大乗院と号するようになった。

旧大乗院橋（『鹿児島市寺院跡』より）

　しかし、一藩の僧侶集会のとき寺院狭隘《きょうあい》なため、慶長年中に（一六〇〇年前後）島津家十八代家久公のとき、本堂一宇《う》（一棟）を創設した。そのとき持明《じめい》夫人（家久夫人）より本尊の千手観音などが寄付された（持明夫人については後述）。

　また、慶長以来仁王門内に十坊（支院）を造営し、坊中道と呼ばれている（この呼称は現在も）。なお、仁王門の外側には清水が湧出しており、現在も湧水が市民に重宝がられているので、仁王門の旧位置はこの湧水によって、その場所が明らかであり、一帯の「清水町」の町名はこの湧水によって名づけられたようである。

　地質の研究者によると、この湧水は吉野台地の降雨が地下に浸透し、仁王門の地で湧出したもので、水質はきわめて良好ということである。この坊中道は、大乗院の中心部からすると、稲荷川を渡った南側に立地しており、稲荷川には大乗院橋という古い石橋が架せられていた。

　ところが、平成六年（一九九三）の「八・六水害」のよって流失し、現在は鉄筋コンクリート製の橋が架せられている。なお、流失した石橋は、肥後の石工として有名な岩永三五郎による天保十三年（一八四二）の架橋であったので、その流失が惜しまれている。その石橋を偲んで、近くの若宮公園に大乗院橋の模型を復元して展示しているが、歴史を感じさせる重厚さに欠けている。

　ちなみに、市内を流れる甲突川に架けられていた三五郎によるいくつかの架橋も「八・六水害」によって破損したが、当局はその現場での復元をせず、祇園之洲《ぎおんのす》に石橋公園を新設し、西田橋・武之橋などを復元している。

　話は一転するが、市の中心地近くにある西郷隆盛銅像に隣接している市立美術館

「ジメサァ」像（市立美術館前庭）

の前庭の一隅に「ジメサァ」（持明院様）と呼ばれている女性像がある。この石像は先述の家久公の正室持明夫人像とされている。大乗院に千手観音像（本尊）を寄贈した人物である。

　持明夫人は、家久の伯父にあたる義久の娘で亀寿《かめじゅ》とも呼ばれたが、器量には恵まれなかったといわれている。しかし心優しい人物で、側室の子を我が子同然にかわいがられた。その伝承はいまに伝えられ、ジメサァ像は女性たちによって美しく化粧される行事が現在に引き継がれている。

　ところが、そのジメサァ像が、江戸時代には大乗院にあったとみられる文献があり、その文献を読者に紹介しておきたい。

　文献は伊東凌舎《りょうしゃ》という江戸の講釈師によって書かれた『鹿児島ぶり』という一書である。凌舎は参観交代で帰国する藩主島津斉興《なりおき》の供廻りに加わって、天保六年

（一八三五）十一月に鹿児島に着き、以後城下や近郊を遊覧し、翌七年五月から六月にかけては藩公の領内巡視に加わって薩摩半島各地を廻り、七月下旬には霧島登山もしている。

その間、藩主や大身の武士邸などに招かれて軍談を講じ、また城下に席を設けて講談の興行もしている。このような凌舎の状況から推察すると、斉興公の供廻りに加わったのは、帰国の長途に公の要請に応じ軍談などを講じて、旅の慰労にあたったのであろう。

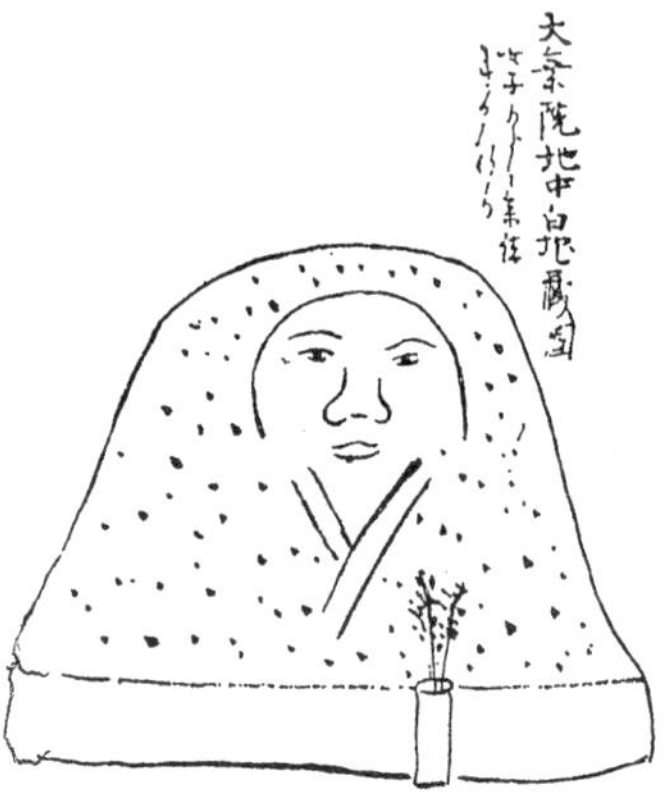

伊東凌舎による「白地蔵」石像

凌舎は、城下各所、あるいは世事に興味を示し、ときに細事にわたって描写し、ときにスケッチも添えている。そのうちの寺院参詣では、福昌寺についで大乗院に詣り、「大乗院弘法大師に参詣す。当寺も勅願所なり。（中略）白地蔵と云石像あり。めずらしき像なり。土俗心願あれば、地蔵のおもてに白粉をぬるなりと云」。

とあり、スケッチ像もある。その像の右像に説明を加えて、

大乗院地中（境内）白地蔵像。女子のよく参詣するなり。

と記している。

この「白地蔵」は現在美術館の前庭に安置されている。「ジメサァ」石像と同じもののようである。筆者は『鹿児島ぶり』を『日本庶民生活史料集成』（巻九、三一書房刊、一九六九年）で読んだが、この部分には鈴木棠三氏の補註が載せられている。その補註の「白地蔵」にはつぎのようにある。

現在は、市立美術館の玄関脇にある。この像を持明サと呼ぶ。十六代義久の娘で十八代家久の室となった亀寿（持明の方）は、容貌が醜かったが、妾腹の光久を慈育し、晩年は国分に隠居した。没後、持明様《さ》の名で藩内の婦女から婦徳を仰がれ、容貌には恵まれずとも、心は持明様のようにと、石像の顔面に真白に白粉を塗るのだといわれる。像は鼻低で、口は紅を毒々しいまでに塗りつけてある。石像の横に立てられた説明の建札には、照国神社境内にあった島津家の祖廟には、毎年十月五日の持明の方のお日に、女子たちが白粉口紅を買ってもらってお

参りした。この石像は二の丸の中にあったもので、持明様信仰のゆかりが白粉口紅で霊を慰める風習を生んだ旨の説明がある。二の丸にあったというのは、凌舎の実地による記事にてらして、誤りとすべきだろう。（下略）

この補註の文章のなかで、この石像が「二の丸にあったというのは、凌舎の実地による記事にてらして、誤りとすべきだろう」と鈴木氏は述べている。

しかし、この指摘はその後の歴史的推移から見て、当たっていないようである。というのは、凌舎がこの石像をみてスケッチしたのは天保期であったから、石像は大乗院の一角に存在したのである。

しかし、その後の廃仏毀釈によって、石像は持明様ゆかりの縁もあって城内の二の丸に移され、難をのがれたものとみられる。じつは、現在の美術館の敷地は旧二の丸の一部であるから、そこに安置されたのは、いわば当然のなりゆきであろう。

日頃、筆者は薩摩人は歴史的遺物を破壊してきたことを謙虚に反省すべきと思っているが、この石像は女性たちが保護、保存したのか、無傷の石像に見出すことができる。

十二章　近代、女性の目覚め

山形屋の横に銅像

もう六、七年も前のことである。ある所で歴史の話をさせていただいた折に、「山形屋の横にある銅像をご存じですか」とたずねたところ、多くの人が浮かぬ顔をしていた。なかには、山形屋ではなく美術館ではないかと、ささやく人があった。そこで、「女性像ですよ」とつけ加えてみたが、あまり反応はなかった。

丹下ウメ像

山形屋の正面入り口の左手にある銅像は、意外に気づかないようである。じつは鹿児島県で初めて、学位（博士）を授けられた女性、丹下《たんげ》ウメの像である。彼女はこの近くが生家で、明治六年に町人の娘として誕生している。

女の子は小学校へも行かない時代であり、小学校（当時は小学校は四年で卒業）はもちろん、師範学校女子部を卒業し、名山小学校に奉職している。その時十八歳であったという。

この銅像はいまから二五年程前に、この場所に建てられので、気づかないまま銅像の前を通り過ぎる人も少なくないのであろう。ただ筆者は、恩師の猶野《なおの》耕一郎先生から丹下ウメさんのすぐれた業績について聞かされていたので、この近くに来た時は立ち寄って、改めて像を見直している。

猶野先生は筆者の高校時代三年間の英語の師であるが、歌詠みの方には、「鹿児島アララギ会」の主宰者として知られていた。その猶野先生は丹下ウメさんとは親戚筋にあたるとも聞かされていた。

ところが、ウメさんは猶野先生の奥様ともご縁があったことを、後になって知ることになった。というのは、筆者は奥様に頼まれて県立一高女の同窓会で話をしたことがあった。その折に、ウメさんは奥様の出身校（日本女子大学）の先輩であり、しばしば教えられることがあったということを聞かされた。

そのウメさんの話を、もう少し語ってみたい。ウメは幼時に遊んでいて、誤って箸で目を突き右目を失明していた。以後、隻眼《せきがん》で大業を成し遂げたのであった。二八歳のとき、日本女子大学家政科に入学し、卒業すると女性初の中等化学教員の検定試験に合格、母校の化学教室の助手になった。

大正三年（一九一四）に、東北帝国大学が初めて女性にも門戸を開放すると、ウメは入学を許可され、卒業後は大学院に進み、その後は応用化学研究室助手に採用されている。

さらに、海外留学を希望し、アメリカのスタンフォード大学・コロンビア大学などで栄養化学を学び、滞米九年におよび昭和四年（一九二九）に帰国している。

帰国後は母校の日本女子大学教授として後進の教育に当たるとともに、理化学研究所の鈴木梅太郎博士のもとでビタミンB$_2$複合体の研究に没頭し、東京帝国大学から農学博士の学位を授与されている。

ウメの父親丹下伊左衛門は金生町で砂糖問屋を主に営む町人であり、戸長《こちょう》（数町の代表）を務めるなど人望があったが、一介の町人の娘が女性初の博士にまで出世したことに、県民の識者は驚くとともに惜しみない賞賛を送った。

ウメは昭和三十年（一九五五）一月に、生涯独身のまま八二歳で世を去っている。関心のある方は、山形屋に行かれるときには、正面玄関のすぐ左にあるウメ博士の像にしばし目を注ぎたいものである。

女性教育への献身

明治五年（一八七二）に学制が公布され、学問の目的を説いた太政官布告が発表された。その末文にはつぎのような一節がある。

自今《いまより》以後、一般ノ人民華士族農工商及婦女子必ス邑《むら》ニ不学ノ戸ナク、家ニ不学ノ人ナカラシメン事ヲ期ス、人ノ父兄タル者宜《よろ》シク此意ヲ体認シ、其愛育ノ情ヲ厚クシ、其子弟ヲシテ必ス学ニ従事セシメサルモノナリ。

一般の人民とは、華族以下農民・町民までを指し、いわゆる「国民皆学」をめざしていた。

ところが、学校教育費は国民の負担で、授業料は小学校で月に五〇銭（原則）ないし二五銭となっていた。明治五年の米価（白米）は一升五銭余りであったから五〇銭はかなりの負担で年間で六円にもなる。ちなみに、同年発令された徴兵令によって徴兵された歩兵二等卒の年俸が十五円三三銭だったので、その年俸と比較すると、小学校の授業料がかなり高額であったことがわかる。

それでも政府は学制を強行したので、各地で学制反対の一揆が起っている。一般国民には、何のために学問を身につけなければならないのか、よく理解できなかったようである。とりわけ鹿児島県の就学率の低さが目立っている。

文部省が明治七年に発表した前年度の就学率統計によると、全国平均で三二パーセントであるが、鹿児島県の就学率は七パーセントで、全国最下位であり、女子はほとんど就学していない状況であった。

このような実状をようやく脱したのは、明治二七年から六年七か月にわたって知事を務めた加納久宜《ひさよし》などの努力であった。加納知事は、女子の就学率を高めようと県下各地を巡り、子守りなどをしている女児に赤子連れでよいから通学するように促し、また授業料を低額するように努め、ようやく全国平均近くまで就学率を高めている。

筆者の手元には、明治三三年に「鹿児島市中洲尋常小學校」に入学したYさん（女性）の月払いで「受業料金五銭」と書いた領収書があり、「受業料ハ毎月廿日限納ムベキ事」と注意書きがある。それにもかかわらず、Yさんの実際の納付月日はほとんどが月遅れになっており、まともに払ったのは年間で三月分のみであった。おそらく、三月は進級目前の月であったから、やりくりして納めたものと推測される。

Yさんはその後、「鹿兒嶋女子高等小学校」に進学し、月額二五銭の授業料を納めている。しかし、ここでも十一か月（八月を除く）のうち六か月は納付期限を過ぎて納めている。このような納付書を見ていると、両親はYさんの授業料の納付にかなり苦労していたようすがうかがわれる。それでも両親はYさんに学問を身につけさせようと努めていた。

鹿児島に私立女学校が

それでも当時の鹿児島県民には「女に学問は不要」とする一般的風潮が根強くあり、小学校より上級の学校は、明治中期までは男子の県立中学校は五校あったが、県立女学校は皆無であった。明治三五年になってようやく県立高女（一高女の前身）が設立され、明治

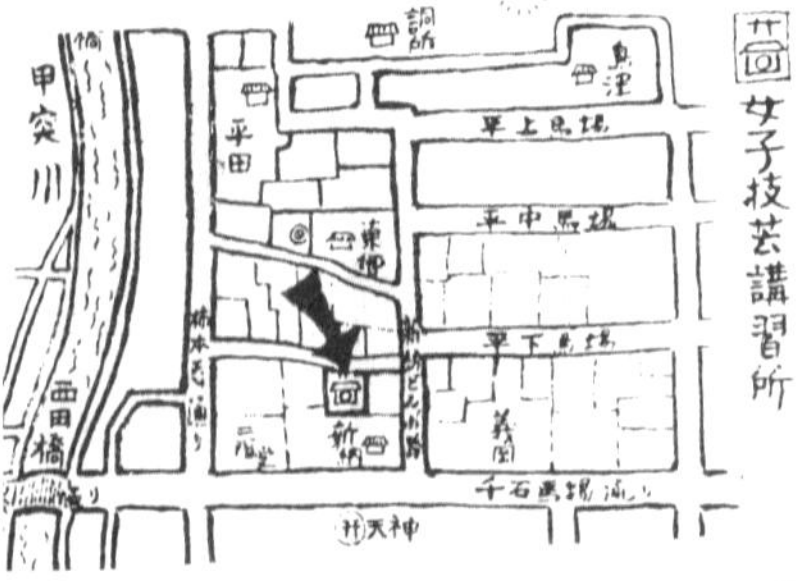

満田ユイと「女子技芸講習所」

みおしえ
雪の如く清らかに
月の如く明らけく
花の如く撫子の
強く優しく
実践学園　志賀フヂ

志賀フジと直筆

四三年に二高女が設立されている。

このような状況のなかで、女学校の欠如を補うべく立ち上がったのが、満田《みつだ》ユイであった。満田ユイは、照国神社の祢宜《ねぎ》満田八束《やつか》の六女である。ユイは堅実な家庭婦人、良妻賢母の育成をめざして明治四〇年（一九〇七）に鹿児島市平之町に女子技芸講習所を開設した。実践学園の創立である。

満田ユイは大正十五年（一九二六）には鹿児島で初めてセーラー服を制服に採用、校名も「鹿児島高等実践学校」と改めた。その後、後継者として志賀フジに託し、フジは夫の志賀精一と共に学園の発展に尽し、現在のように幼稚園から大学までを経営する学園に躍進させている。

女子英学塾の創設

女子教育の先覚者として、よく知られた人物は津田梅子であろう。

幕末に、アメリカに続いてオランダ・ロシア・イギリス・フランスなど五か国と結んだ修好通商条約は、法権・関税自主権の欠如など対等でない条約内容であったため、それらの改正をめざした明治政府は、予備交渉の意図をもって岩倉具視《ともみ》を大使として明治四年（一八七一）に木戸孝允《たかよし》・大久保利通《としみち》・伊藤博文《ひろぶみ》など政府主脳らがアメリカ・ヨーロッパを巡遊した。

岩倉大使の服装

しかし、最初の訪問国アメリカでグラント大統領から、天皇の委任状をもった正式の外交使節でないとして、改正交渉はつまずいたばかりでなく、予備交渉は不調であった。また、日本の近代化の遅

女子英学塾

津田梅子と女子留学生

れを指摘されてもいる。岩倉大使の服装がそれをよく示している。サンフランシスコでの使節団一行の写真を見ると、大使はチョンマゲに羽《は》織《おり》袴《はかま》で革靴をはき、手にはシルクハットを持っている姿である。

この使節団には約六〇名の留学生が随行しており、そのなかに初の女子留学生五名がいた。出発時に満六歳十か月の津田梅子もその一人であった。

梅子はアメリカで初等・中等教育を受け、明治十五年（一八八二）に帰国している。また、その間に洗礼も受けている。その三年後から華族女学校の教授を務め、明治三三年（一九〇〇）九月には自ら女子英学塾を設立、開校式を行っている。

この英学塾は少数教育を基本とし、高度の英語・英文学教育を特色とした。さらに津田英学塾と改称し、戦後に新制の津田塾大学として発足、いまでは学生約三千人を擁する大学として発展している。

広がる女性の主張

これまで取りあげた鹿児島出身の丹下ウメや満田ユイ、あるいは東京の津田梅子などの女性の先覚者たちの動向は、初春の蕗《ふき》の薹《とう》が場所を変えて芽を出したようで、いまだ根茎のつながりはなかった。

ところが、明治の末年になると、女性たちが連携する動きが見えてくるようになった。いままでは、いわばタテの孤立した動きであったが、ヨコにつらなる傾向を見せはじめたのである。

江戸時代には、手本とされる女性の代表的な例は「孝女」であった。親に孝養を尽くす女性である。親に孝行してよく親を養う女性は、現代でも褒められるが、それが女性の生涯を通じての唯一の生き方とか、最高の道徳となると、いまでは少なからず不満が噴出してくるであろう。

十九世紀半ばに書かれた『三国名勝図会《ずえ》』には、つぎのような孝女の話しが載せられており、薩摩藩から表彰されている。その一文はつぎのようである。


（城下）下町なる堀江町に、天明元年（一七八一）、市人《ちょうにん》輩孝女門記の碑を樹て、孝女千世《ちよ》が状を其門閭《もんりょ》（町の入口の門）に旌表《せいひょう》（善行を世人に知らせる）す、千世母に事《つか》ふること五十年、甚だ孝あり、事官（藩）に聞す、官吏に命じて廉察《れんさつ》（詳しく調べて）せられ、安永七年（一七七八）、戊戌、正月、賞して米四石を賜はる、事は其碑文に見えたり、薩州孝子傳にも千世が伝ありて、此碑を載す。

この一文からすると、千世という女性は結婚もせず、一心に親に仕えたのであろう。また、当時は『薩州孝子傳』という書も刊行されていて、孝子を世人に知らしめていたようである。

平塚らいてう

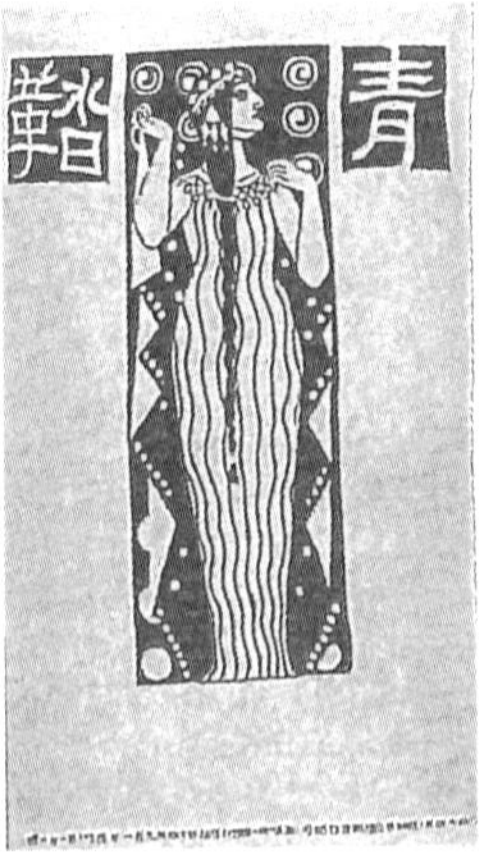

「青鞜」創刊号表紙

江戸時代には、女性は両親あるいは家庭という、限られた閉鎖的場所でしか自己を活かすことができなかったことを、この一文は示している。ところが、近代になると、「人のため、世のために」尽す女性が現れるように変化しつつあった。

そこでは、社会的に差別された女性の解放をめざす女性たちや、さらには政治に参加する運動をめざす女性の活動が見られるようになった。まず、明治四四年（一九一一）に平塚らいてう《らいちょう》（本名明《はる》）を中心に青鞜《せいとう》社が結成され、機関誌『青鞜』

を刊行した。

その創刊号にらいてうは一文を寄せ、つぎのように宣言した。

元始、女性は実に太陽であった。真正の人であった。今、女性は月である。他によって生き、他の光によって輝く、病人のような蒼《あお》白い顔の月である。私共は隠されて仕舞った我が太陽を今や取戻さねばならぬ。（下略）

「青鞜」の同人たち

青鞜社には、平塚をはじめ与謝野晶子・野上弥生《やえ》子・神近市子・伊藤野枝などが集まっていた。「青鞜」という名称は、十八世紀のイギリスで、ある夫人のサロンに集まってさかんに芸術や科学を論じた新しい婦人たちが、いずれもブルーのストッキングをはいていたことからつけられたという。

その日本語訳を二葉亭四迷は「青足袋《あおたび》連中」としたが不評であった。やや揶揄《やゆ》の意もあったようである。そこで森鴎外の訳「青鞜」が採用されたという。鞜には「くつ、あるいはかわくつ」の意がある。

『青鞜』は月刊で、短歌・詩・小説・評論を載せ、いっぽうで研究会・講演会を開いてつねに積極的に行動した。

大正四年（一九一五）になると、らいてうは伊藤野枝に編集一切をまかせ、野枝は広く紙面を一般婦人に開放し、恋愛・結婚・貞操・廃娼・母性・女子職業問題など、女性をめぐる多くの問題に取り組んだ。しかし翌五年には『婦人公論』などが発刊されると、同年に第五二号を最後に廃刊することになった。

廃刊にいたる内情は、『青鞜』が誕生時から文学的性格を本筋にしていたのに対し、しだいに社会的・政治的性格を帯びるようになったことから、読者が離れていくようになり、本来の『青鞜』の性格を失っていったことが主因であった、と思われる。

また、平塚自身の思想の変化でもあったようで、平塚と市川房枝《ふさえ》らは大正九年（一九二〇）には新婦人協会を設立し、女性の参政権要求などの運動を進めている。

新婦人協会は、治安警察法（一九〇〇年公布）の第五条が女性の政治活動を禁じていた条項を含むことから、その部分の撤廃運動を展開した。そこには、女子及未成年者ハ、公衆ヲ会同スル政談集会ニ会同シ、若《もしく》ハ其ノ発起人タルコトヲ得ズ。

とあったことから、この条項は削除され、同年（一九二二年）最初の婦人政談演説会が開催された。

またこの間、山川菊栄《きくえ》・伊藤野枝らは赤瀾会《せきらんかい》を結成し、社会主義の立場からの女性運動を展開した。

女性の参政権獲得

この時期の女性運動には女性の参政権要求が一つの核をなしていた。そこで選挙法の歴史を概略しておきたい。

衆議院議員選挙法は明治二二年（一八八九）二月に公布された。それによると、選挙人は男で二五歳以上（被選挙人は男三十歳以上）で直接国税（地租と所得税）十五円以上の納付者であった。ちなみに退役軍人、神職・僧侶などには被選挙権が与えられなかった。また、北海道・沖縄・小笠原の住民も除かれた。その結果、有権者数は四五万三四七四人で、全人口の一パーセント強で、中農以上の農民か、都市の上層民だけが参政権を与えられた。

なお、衆議院議員の定数三〇〇のうち、立憲自由党一三〇、立憲改進党四一で民党《みんとう》（野党）が過半数を占めた。そのため、少数吏党《りとう》（与党）のもとで、山県有朋《やまがたありとも》内閣や松方正《まつかたまさ》義《よし》内閣はしばしば民党と衝突した。

このように、政争はその後も続いた。それでも「政治は男の世界」とする考え方を改めることはなく、別表のように山県有朋内閣（第二次）・原敬《たかし》内閣・加藤高明《たかあき》内閣それぞれで選挙法は改正されるが、そのいずれもが税額の制限が引き下げられただけで、男性のみを有権者とすることには変化はなかった。

その選挙法に女性が加えられたのは、昭和二十年（一九四五）で、二十歳以上の「男

公布年	公布時の内閣	実施年	選挙人			
			直接国税	性別年齢（歳以上）	総数（万人）	全人口比（%）
1889	黒田	1890	15円以上	男性25	45	1.1
1900	山県	1902	10円以上	〃	98	2.2
1919	原	1920	3円以上	〃	306	5.5
1925	加藤（高）	1928	制限なし	〃	1240	20.8
1945	幣原	1946	〃	男女20	3688	50.4

選挙法の改正

女」を有権者とした。幣原《しではら》喜《き》重郎《じゅうろう》内閣の時である。その背後には、連合国軍最高司令部（ＧＨＱ）のマッカーサー司令官の指示があった。

新選挙法による初の総選挙は翌年四月に実施され、女性代議士39名が誕生した。新婦人協会の成立と婦人参政権獲得運動を本格的に始めてから、二六年後であった。

この戦後初の総選挙の実施を、「日本国憲法」の施行後とする言説を、時に耳にするが、それは誤解であり、施行以前であった。

あとがき

ある大学院生の論文を依頼されて事前に読むことになった。日本史専攻の修士論文で、提出前の発表会が近々あるらしい。内容は、平安初期の仏教史である。

一読しての感想は、「歴史が止まっている」の一言に尽きることである。

歴史は、経過した事柄の動きや変化を探求する学問である。したがって、ある事柄を調べたら、その事柄の前の時期と後の時期の変化が重要であることを説いた。そのつぎにはその事柄の背景にある社会との関連に言及することが大事だとも。

分りやすく云えば、自動車が駐車場に止まったままであり、動きがないから自動車から「動」が抜け、故障車である。修理をして動かしなさいと。

歴史の「歴」の字の意味をよく調べて、大至急書き直すように叱りつけて速達便で返却した。

その後、どうなったか。何の音沙汰もないままである。一月初めが論文提出の締め切りと聞いたが、その日が間近に迫っている。事前指導を依頼された当方が気を揉むこの頃である。八十枚の駄作はどうなったか。

論文とは比べられないが、本書の小品は筆者が気ままに思いつくままに書いた歴史随筆風の十数篇である。

写真・図版込みで一回二十枚以内であるから適量であろうか。昨年（二〇一九）十二か月にわたって「モシターンきりしま」に載せていただいたものに補筆して一冊にしている。

出版を快諾していただいた国分進行堂の赤塚恒久さんに感謝申し上げたい。

二〇二〇年三月

中　村　明　蔵

著者紹介
中村明蔵（なかむら　あきぞう）

1935年、福岡県北九州市生まれ。1962年、立命館大学大学院日本史学専攻修士課程修了。ラ・サール高校教諭、鹿児島女子短期大学教授、鹿児島国際大学国際文化学部教授を経て、現在、同大学生涯学習講師。文学博士。主な著書に、「薩摩　民衆支配の構造」（南方新社）「鑑真幻影」（同）「飛鳥の朝廷」（評論社）「熊襲と隼人」（同）「隼人の研究」（学生社）「隼人の楯」（同）「熊襲・隼人の社会史研究」（名著出版）「隼人と律令国家」（同）「南九州古代ロマン」（丸山学芸図書）「新訂　隼人の研究」（同）「クマソの虚構と実像」（同）「かごしま文庫（29）ハヤト・南島共和国」（春苑堂出版）「古代隼人社会の構造と展開」（岩田書院）「神になった隼人」（南日本新聞社）「隼人の古代史」（平凡社新書のち、吉川弘文館より再刊）「中村明蔵雑論集」（洛西出版）「隼人の実像」（南方新社）「隼人異聞史話」（国分進行堂）「薩隅今昔史談」「かごしま歴史探訪」「「さつま」から見る歴史断章」「隼人から見た現代模様」（同）。

薩摩から日本史を覗く

2020年4月10日　第一刷発行

著　者　中村明蔵

発行者　赤塚恒久

発行所　国分進行堂

〒899-4332
鹿児島県霧島市国分中央3丁目16–33
電話　0995–45–1015
振替口座　0185–430–当座373
URL　http://www5.synapse.ne.jp/shinkodo/
E-MAIL　shin_s_sb@po2.synapse.ne.jp（印刷部）

印刷・製本　株式会社 国分進行堂

定価はカバーに表示しています
乱丁・落丁はお取り替えします

ISBN978-4-9908198-3-5